얽힘과 연루의 한반도 국제정치
나토(NATO), 트럼프 행정부, 한반도

얽힘과 연루의 한반도 국제정치
: 나토(NATO), 트럼프 행정부, 한반도

초판 1쇄 발행 2025년 8월 31일

지은이	이수형
펴낸이	윤관백
펴낸곳	선인
등록	제5-77호(1998.11.4)
주소	서울시 양천구 남부순환로 48길 1, 1층
전화	02) 718-6252/6257
팩스	02) 718-6253
이메일	suninbook@naver.com
ISBN	979-11-6068-252-6 03340
값	18,000원

얽힘과 연루의 한반도 국제정치
나토(NATO), 트럼프 행정부, 한반도

이수형 지음

FOREWORD
추 천 사

2022년 2월에 시작된 우크라이나 전쟁과 6월 스페인 마드리드 나토 정상회담은 역사의 분수령이 되었다. 우크라이나 전쟁이 새로운 국제질서를 예고하는 글로벌 질서 경쟁의 신호탄이 되었다면, 6월의 나토 정상회담은 나토가 명실상부 지역동맹을 넘어 글로벌 동맹으로 거듭나는 계기가 되었다.

미국 중심의 자유민주주의 진영과 중러 연합의 권위주의 세력 간 글로벌 질서 경쟁이 본격화되고 나토가 지역동맹을 넘어 글로벌 동맹으로 진화하는 상황에서 트럼프 행정부가 들어섰다. 미국 우선주의를 내세우며 그간의 안보 불균형 구조 속에서 미국의 과다한 부담을 동맹국에게 넘기겠다는 트럼프 행정부의 동맹 정책은 글로벌 질서 경쟁 구도를 흩트리면서 나토의 변환과 유럽 안보의 유럽화 그리고 중국의 영향력 확장에 대항하기 위한 새로운 동맹 재조정을 강하게 밀어붙이고 있다. 트럼프 행정부의 동맹정책과 중국 정책은 유럽, 동아시아 그리고 한반도 국제정치를 하나로 묶어내면서 서로 긴밀하게 연결된 얽힘의 국제관계를 만들어 내고 있다.

이 책은 얽힘의 국제정치라는 시대적 흐름에서 나토의 변환, 트럼프 행정부의 유럽과 인도 태평양 전략 그리고 한반도 평화 안보의 맥을 짚어내고 있다. 얽힘이란 이리저리 관련되는 것을 뜻한다. 동맹도 하나의 안보적 얽힘 현상이다. 동맹국은 동맹 강화를 위해 얽힘을 원할 수도 있고 관여 비용이 이득을 초과했을지라도 관여하지 않았을 때 발생하는 평판 비용 등으로 동맹국은 얽힘을 선택할 수 있다. 동맹 정치에서 얽힘은 동맹국의 국익에 항상 부정적 영향을 미치는 것이 아니라 긍정적 측면도 존재한다. 반면, 연루라는 동맹 딜레마는 얽힘의 부정적 형태로 국익과 동맹이익을 구분한 상태에서 국익에 거의 도움이 되지 않는 상황에 휩쓸려 들어가는 부정적 얽힘의 과정이다.

저자의 지적처럼, 트럼프 행정부의 출범과 동맹 정책은 강대국 정치를 소환했을 뿐만 아니라 동시에 주요 국가들의 전략적 자율성을 중시하는 자강의 시대를 열어 놨다. 트럼프 행정부의 출범으로 강대국 국제정치와 자강의 안보 시대가 동시적·복합적으로 작동하는 국제관계가 열렸다. 강대국의 시대와 자강의 시대가 동시 복합적으로 작용하는 국제 정세는 강대국 경쟁 격화를 추동하는 동시에 약소국의 국익을 희생으로 하는 강대국 협조 시대도 예고한다. 따라서 그 어느 때보다도 동맹 못지않게 안보적 자강이 중요하다.

　얽힘의 한반도 국제정치에서 이 책이 한반도 평화와 안보를 위한 자강의 중요성을 이해하고 연루의 딜레마를 최소화하는 전략적 사고를 배양하는 데 작은 도움이 될 것이라 믿어 의심치 않는다. 오늘날 국제 정세의 흐름을 제대로 이해하고 한반도 국제정치와 관련된 정책 실무자 그리고 한반도 평화 안보를 갈망하는 독자 여러분께 일독을 권한다. 특히, 이 책의 저자인 이수형 박사는 드물게 보는 한국의 나토 전문가로 그의 정책 실무 경험과 전문적 이론은 나토의 발전과 변화 그리고 한국과 나토 간 안보협력을 이해코자 하는 독자들에게 큰 도움이 될 것이다.

　대한민국의 평화와 안보 그리고 국민의 편안하고 행복한 삶을 위해 일하는 저로서는 이 책을 추천하게 되어 나름 기쁘다. 이 책이 조금이나마 국민주권 시대를 여는 이재명 정부의 외교 안보 정책에 좋은 참고 자료가 되길 바란다.

2025년 8월

인천광역시 부평을 국회의원　**박 선 원**

PREFACE
머리말

저자는 나토(NATO)와 한반도 안보 동맹의 국제정치를 연구하는 사람이다. 저자는 1998년 나토의 중거리 핵무기 논쟁과 동맹 딜레마로 박사학위를 취득했다. 이후 현재까지 저자는 글로벌 정세 변화에 따른 나토의 발전과 변화, 미국과 유럽 동맹국 간 동맹 갈등과 동맹 딜레마 문제 그리고 한미동맹과 한반도 국제정치를 줄곧 연구해 왔다. 그 과정에서 저자는 많은 저서와 번역서 그리고 정책 보고서 등을 생산해 왔다. 특히 국내에서는 유일하게 나토에 관한 2권의 저서(2004년, 2012년)를 집필하였다.

2025년 1월 트럼프 행정부 출범 이후 글로벌 정세가 심하게 요동치고 있다. 미국 우선주의와 동맹의 방위비 분담의 불균형 구조 그리고 중국의 영향력 확장을 막겠다는 트럼프 행정부의 동맹정책과 중국 정책은 나토의 변화와 유럽의 안보 지형 그리고 인도 태평양 전략을 위한 새로운 동맹체제의 변환을 강하게 추동하고 있다. 이런 점에서 오늘날의 국제 정세는 가히 트럼프의 안보 동맹 시대라 해도 과언이 아니다.

이 책은 트럼프 행정부 출범을 전후로 미국발 안보 동맹 정책이 국제 정세의 흐름에 미치는 주요 변화의 맥을 짚어낸 책이다. 이 책은 나토의 변화, 트럼프 행정부의 안보 정책 그리고 한반도 국제정치의 주요 쟁점을 일종의 칼럼 형식으로 그려내고 있다. 따라서 이 책은 전문 학술서가 아니다. 이 책은 그동안 저자가 발간했거나 새롭게 연구한 글들을 엮어 책으로 만든 것이다. 특히, 이 책은 저자의 핵심 전공영역인 나토의 변화를 그려내면서 트럼프 행정부 출범을 계기로 유럽과 아시아 그리고 한반도 관련 국제 뉴스를 장식했던 주요 주제들을 엮은 글이다.

아무쪼록 단편 수필이나 칼럼과 같은 이 책의 주제들이 나토에 대한 이해, 트럼프 행정부의 동맹 정책 그리고 한반도 평화 안보에 관심이 있는 독자들에게 조금의 도움이 되었으면 하는 바람이다.

한반도 평화 안보를 갈망하며
도곡동 연구실에서 **이 수 형**

NORTH

ATLANTIC

TREATY

ORGANIZATION

THE

TRUMP

ADMINISTRATION

THE

KOREAN

PENINSULA

CONTENTS
차례

추천사 / 004

머리말 / 008

서론 나토, 트럼프 행정부, 한반도　　　　　　　　　　014

PART 1　나토에 대한 기본적 이해　　　　　　　　　　020

CHAPTER 1　회원자격 조건과 우크라이나의 나토 가입　　022
CHAPTER 2　나토 본부와 정치구조　　　　　　　　　　032
CHAPTER 3　군사구조와 작전통제권　　　　　　　　　　040
CHAPTER 4　전략개념의 변화와 전략적 파트너　　　　　050
CHAPTER 5　방산 관련 주요 위원회와 기관들　　　　　　062

PART 2　나토의 변화와 글로벌 질서 경쟁　　　　　　　078

CHAPTER 6　핵 공유와 나토 핵기획그룹(NPG)　　　　　080
CHAPTER 7　지역동맹에서 글로벌 동맹으로의 진화　　　094
CHAPTER 8　강대국 지정학 정치와 우크라이나 전쟁　　　102
CHAPTER 9　정상회담의 정례화와 2025년 헤이그 정상회담　112
CHAPTER 10　글로벌 질서 경쟁과 동맹체제 강화　　　　124

PART 3 트럼프 시대 유럽과 인도 태평양 안보   132

CHAPTER 11	패권 축소와 트럼프 행정부의 대외정책 기조	134
CHAPTER 12	화성인의 유럽 안보정책과 방위비 분담	142
CHAPTER 13	금성인 유럽 동맹국의 안보 홀로서기	152
CHAPTER 14	트럼프 행정부의 인도 태평양 전략, 중국 봉쇄	162
CHAPTER 15	나토의 대중(對中) 인식, 체제적 경쟁자에서 안보 위협자로	172

PART 4 강자와 자강의 시대, 한반도 평화 안보   182

CHAPTER 16	국익 중심 실용 외교와 안보 동맹 정책	184
CHAPTER 17	동맹 재조정, 노무현의 기억과 이명박의 전략동맹	194
CHAPTER 18	한국의 나토 접근과 정책 방향	212
CHAPTER 19	북미 핵 협상과 코리아 패싱(Korea passing)?	224
CHAPTER 20	평화 지향의 안보 체제와 작전통제권 환수	240

결론 공존의 남북 관계와 호혜적 한미동맹의 선순환 구도   250

INTRODUCTION
서론

나토, 트럼프 행정부, 한반도

2022년 6월 29~30일 스페인 마드리드에서 제32차 나토(NATO) 정상회담이 열렸다. 이번 정상회담을 두고 비평가들은 나토가 또 다른 역사적 분수령을 넘어섰다고 평가했다. 우크라이나 전쟁이 격화되고 있는 와중에 열린 이번 정상회담은 나토의 미래에 새로운 이정표를 제시했다. 나토는 새로운 전략개념을 채택하고 중국을 자유주의적 국제질서를 위협하는 체제적 도전자로 공식화했다. 또한 나토는 역사상 처음으로 인도 태평양 지역을 언급하면서 유럽 대서양 지역과의 지리적 연결과 안보적 상호작용을 강조했다. 이제 나토는 유럽 대서양의 지역동맹을 벗어나 명실공히 글로벌 동맹으로 진화했다.

나토의 글로벌 동맹화와 미국 주도의 자유민주주의 진영과 중러 권위주의 세력 간 글로벌 질서 경쟁이 본격화되는 시점에서 트럼프 행정부가 출범했다. 트럼프 행정부는 미국 우선주의를 내세우면서 바이든 행정부가 강조했던 규칙 기반 국제질서를 흔드리면서 중국, 러시아와의 강대국 국제정치를 소환했다. 또한 트럼프 행정부는 안보와 무역 분야에서의 국제적 불균형 구조를 바로잡겠다는 명분으로 방위비 분담 증액과 동맹 현대화 그리고 무차별적인 관세 정책을 구사하고 있다. 트럼프 행정부의 등장으로 국제 정세는 빠르게 다극화 흐름을 보이면서 과거와는 전혀 다른 새로운 국제질서의 태동을 예고하고 있다.

특히, 안보 분야의 불균형 구조를 바로잡겠다는 트럼프 행정부의 안보 동맹 정책은 미국의 동맹국에 엄청난 충격을 가하면서 동맹 재편과 글로벌 안보 지형의 변화를 추동하고 있다. 트럼프 행정부의 동맹 정책은 나토의 변화와 유럽 동맹국의 안보 홀로서기, 중국 봉쇄에 따른 한미동맹과 미일 동맹 등 인도 태평양 지역의 동맹 현대화를 강하게 추동하고 있다. 이에 따라 한미동맹의 재조정은 정해진 일정이다. 다만, 동맹 재조정의 규모가 어느 정도이며, 언제 본격적으로 추진될 것 인가의 문제만 남아 있다.

이러한 정세 변화를 반영하여 이 책은 다음과 같은 저자의 목적이 이루어졌으면 하는 바람에서 집필되었다. 먼저, 독자들이 나토를 이해하는 데 이 책이 조금이라도 도움이 되었으면 하는 바람이다. 오늘날 세계를 바라보는 우리의 시각과 안목은 한층 넓어졌다. 과거 우리가 크게 주목하지 않았던 유럽의 안보 문제에 대해서도 많은 관심을 가지게 되었다.

특히, 2022년 6월 마드리드 나토 정상회담을 계기로 한국과 나토 간 안보협력이 확대되고 발전함에 따라 나토 문제가 한반도 국제 뉴스에 자주 등장하게 되었고, 나토에 대한 궁금증도 부쩍 많아졌다고 생각된다. 그러나 독자들이 나토의 역사, 나토의 성격과 주요 특징들을 접하는 데 도움이 되는 자료들은 상당히 제한되어 있다. 나토 홈페이지(https://www.nato.int)를 통해 나토의 역사와 변화 그리고 최근의 소식 등을 접할 수 있으나 나토를 종합적으로 이해하는 데 한계가 있다. 이 책이 나토에 대한 기본 지식과 나토의 76년의 역사를 제대로 알고자 하는 독자들의 지적 갈망에 조그마한 도움이 되길 바란다.

　　이 책을 집필하게 된 두 번째 동기는 독자들이 트럼프 행정부의 안보 동맹 정책이 국제 정세 및 한반도 국제정치에 미치는 영향을 이해하는 데 작은 보탬이 되었으면 하는 바람이다. 트럼프 행정부의 출범과 안보 동맹 정책은 강대국 정치를 소환했을 뿐만 아니라 동시에 주요 국가들의 전략적 자율성을 중시하는 자강의 시대를 열어 놨다. 즉, 트럼프 행정부의 출범으로 강대국 국제정치와 자강의 안보 시대가 동시적·복합적으로 작동하는 국제관계가 열렸다. 강대국의 시대와 자강의 시대가 동시 복합적으로 작용하는 국제 정세는 강대국 경쟁 격화를 추동하는 동시에 약소국의 국익을 희생으로 하는 강대국 협조 시대도 예고한다. 따라서 그 어느 때보다도 동맹 못지않게 안보적 자강이 중요하다. 강자와 자강의 동시적·복합적 국제 정세에서 트럼프 행정부의 안보 동맹 정책은 나토와 한미동맹 등 동맹 재조정을 추동하고 있다. 이러한 정세 흐름은 나토와 한미동맹, 유럽 안보와 인도 태평양 안보를 하나로 묶어내면서 얽힘의 국제관계를 만들어내고 있다. 그 어느 때보다도 복잡해진 얽힘의 국제관계는 안전하고 평화로운 한반도를 구축하기 위한 이재명 정부의 외교 안보 동맹 정책에 커다란 영향을 미칠 것임은 자명하다.

저자가 이 책을 집필하게 된 궁극적 목적도 얽힘의 한반도 국제정치에서 어떻게 연루라는 동맹 딜레마를 관리하면서 국익을 유지하고 신장시킬 수 있는 방책 마련에 대한 문제의식 때문이다. 얽힘이란 이리저리 관련되는 것을 뜻한다. 동맹도 하나의 안보적 얽힘 현상이다. 동맹국은 동맹 강화를 위해 얽힘을 원할 수도 있고 관여 비용이 이득을 초과했을지라도 관여하지 않았을 때 발생하는 평판 비용 등으로 동맹국은 얽힘을 선택할 수 있다. 동맹 정치에서 얽힘은 동맹국의 국익에 항상 부정적 영향을 미치는 것이 아니라 긍정적 측면도 존재한다. 반면, 연루라는 동맹 딜레마는 얽힘의 부정적 형태로 국익과 동맹이익을 구분한 상태에서 국익에 거의 도움이 되지 않는 상황에 휩쓸려 들어가는 부정적 얽힘의 과정이다.

강대국의 전략적 이해관계가 교차하는 한반도 국제정치는 그 어느 지역보다도 얽힘의 국제정치가 일상적이었다. 남과 북의 태생적·구조적 얽힘은 말할 필요도 없다. 2022년 2월 우크라이나 전쟁과 6월 마드리드 나토 정상회담을 계기로 얽힘의 한반도 국제정치는 더 복잡해졌다. 최근 들어와 북한과 중국, 북한과 러시아 그리고 북한, 중국, 러시아 간 얽힘의 국제정치가 두드러지고 있다. 또한 한국과 미국, 한국과 일본, 한국, 미국, 일본 간 얽힘의 관계와 더불어 한국과 나토의 안보적 얽힘 현상도 새롭게 두드러지고 있다. 이처럼 얽힘의 한반도 국제정치에서 이 책이 연루라는 동맹 딜레마를 최소화하고 이를 제대로 관리하여 안전하고 평화로운 한반도를 구축할 수 있는 전략적 사고를 키우는 데 작은 도움이 되기를 기대해 본다.

P A

R T

1

나토에 대한
기본적 이해

CHAPTER 1

회원자격 조건과 우크라이나의 나토 가입

근대 외교의 발상지이자 전쟁과 평화라는 국제정치의 출발지인 유럽에는 대략 크고 작은 50개 나라가 존재한다. 그중에서 북아메리카의 미국과 캐나다를 제외한 유럽의 30개국이 북대서양조약기구(NATO, 이하 나토)의 회원국이다. 유럽 국가 중에서 유럽연합의 회원국은 27개국이다. 나토 회원국이면서 동시에 유럽연합 회원국인 나라는 23개국이다. 다만, 영국, 아이슬란드, 튀르키예, 에스토니아, 알바니아, 몬테네그로, 북마케도니아 7개국은 나토에만 가입되어 있다.

12개국으로 출발, 32개 회원국으로 발전

대서양동맹으로 알려진 나토는 지난 냉전 시대인 1949년 4월 서유럽에 대한 소련의 정치·군사적 위협을 막기 위해 창설되었다. 나토는 미국과 캐나다 그리고 10개국의 유럽 국가를 포함하여 12개 국가로 출범했다. 창설 당시 유럽의 안보 지형은 크게 분단 독일을 기점으로 자유 진영의 서유럽과 소련의 영향권에 놓여 있는 동유럽으로 갈라져 있었다. 따라서 당시 나토 회원국이 될 수 있는 후보 국가는 대략 16개 국가에 불과했다. 그중에서 영국, 프랑스, 벨기에, 네덜란드, 룩셈부르크, 노르웨이, 덴마크, 아이슬란드, 포르투갈, 이탈리아 등 10개국의 유럽 국가들이 나토의 창립 회원국이 되었다.

출범 이후 나토는 한국전쟁을 계기로 1952년 그리스와 터키 그리고 1955년 서독이 가입하여 15개국으로 늘어났고 1982년 스페인의 가입으로 16개국이 되었다. 1989년 냉전 종식 이후 나토는 중·동유럽으로 확대를 추진하여 16개국을 새로운 회원국으로 받아들였다. 오늘날 나토 회원국은 냉전 시기 16개국과 냉전 종식 이후 16개국이 더 늘어나 총 32개국이 되었다. 앞으로도 나토는 새로운 회원국을 받아들이는 문호개방(확대)정책을 계속 추진해 나갈 것이다.

이 대목에서 궁금한 점은 나토는 어떤 기준이나 원칙에 따라 회원국을 수용하느냐이다. 즉, 회원국 자격에 관한 문제이다. 동맹 탄생의 법적 근거인 북대서양조약에는 회원국 자격과 관련해서 제10조에 단지 유럽 국가로만 규정하고 있다. 따라서 나토 회원국이 되기 위해서는 일단 유럽 국가여야 한다. 나토의 회원국 선정 문제는 동맹 탄생 당시나 지금이나 가장 첨예하고 중요한 문제이다. 회원국 선정 문제는 나토의 방위영역, 군사적 활동 공간과 역할 그리고 동맹의 정체성과 관련되어 있고, 나아가 유럽 안보 지형에 미치는 전략적 함의와 직간접적으로 연결된 문제이다.

나토의 공식적인 역사 기록에 따르면, 나토의 법적 기반이 되는 북대서양조약 체결을 위한 첫 회담은 1948년 7월 6일 워싱턴에서 시작되었다. 이후 조약 체결 때까지 가장 첨예한 문제는 바로 회원국 선정과 관련된 자격 문제였다. 이는 향후 나토 확대와도 불가분의 관계에 있는 문제로 어떤 기준에 의해서 어느 국가를 받아들이고 어느 국가를 배제하느냐의 매우 어려운 문제였다.

회원국 선정 조건: 지리, 전략, 정치적 정체성

동맹 창설 당시 회원국 선정에 있어서 지리, 전략 그리고 정치라는 세 가지 기준이 가장 중요하게 작용했다. 지리적 범위는 동맹의 방위영역과 관련되었다. 전략은 동맹의 군사적 역할과 관련되었다. 그러므로 북대서양이라는 지역적 개념은 단순히 지리적 범위를 의미하는 게 아니라 지리와 전략이 결합한 개념에 기초해 있는 것이다. 그리고 정치는 회원국의 정치적 정체성을 의미한다. 정치적 정체성은 나토가 단순한 군사동맹이 아니라 자유민주주의 국가로 동질적 가치를 표방하면서 정치공동체를 지향하고 있다는 점을 상징적으로 보여주고 있다.

창설 당시 12개 회원국을 선정하는 데 있어서 이러한 3가지 요건이 회원국 자격조건으로 가장 중요하게 고려되었다. 이후 지리, 전략, 정치라는 3가지 회원국 자격조건은 대내외적 상황 변화에 따라 그 상대적 중요성이 달리 나타났다. 이러한 측면은 북대서양조약에 서명한 12개국이 왜 포함되었고 다른 국가들은 왜 배제되었으며, 향후 배제되었던 국가들이 나토 회원국이 되었는가를 설명해 주는 부분이기도 하다.

이러한 기준에 따라 창설 당시 나토 12개국은 핵심 지역, 중간 지역 그리고 외곽 지역의 국가들로 구분되었다. 핵심 지역 국가는 미국, 캐나다, 영국, 프랑스, 벨기에, 룩셈부르크, 네덜란드 7개국이다. 이들 국가는 지리적 위치는 말할 것도 없고 전략적 측면이나 정치적 측면에서도 북대서양조약의 핵심을 구성했다. 중간 지역은 핵심 지역과 연결되는 징검다리로 전략적 위치가 중요했다. 중간 지역 국가로는 남유럽의 포르투갈과 스페인, 북유럽의 덴마크, 노르웨이, 아이슬란드, 핀란드와 스웨덴 등 7개국이었다.

중간 지역 국가 중에서 스페인은 당시 프랑코 독재체

제로 인해 정치적 정체성의 문제로 회원국이 될 수 없었다. 또한 핀란드는 당시 소련과의 관계로 자율적인 외교·안보적 입장을 갖기가 힘들었다. 스웨덴은 소련과 너무 인접해 있어서 방위상의 어려움으로 회원국 후보에서 배제되었다. 따라서 스페인과 핀란드 그리고 스웨덴은 나토 창설 당시 회원국에서 배제되었으나 이후 대내외적 상황 변화에 따라 오늘날에는 모두 나토 회원국이 되었다. 마지막으로 외곽 지역으로 이탈리아, 그리스, 터키가 있었다. 외곽 지역의 3개국은 지리적 측면이나 전략적 측면에서 북대서양에 맞지 않아 애초부터 논의 대상에서 제외되었다. 그러나 프랑스가 이탈리아의 회원국 가입을 강력히 주장함에 따라 이탈리아는 창립 회원국이 되었다.

지리와 전략 그리고 정치라는 기준에 따라 12개국으로 출발한 나토는 정세의 변화에 따라 회원국이 계속 늘어났다. 냉전이 열전으로 표출된 한국전쟁을 계기로 1952년 그리스와 터키가 나토 회원국이 되었다. 당시 터키의 나토 가입에 있어서 중요한 쟁점은 서방 세계와 이질적인 정치적 정체성과 종교·문화적 차이점을 어떻게 극복하느냐와 직결되었다. 이러한 문제를 해결하기 위한 외교적 방안으로 터키는 한국전쟁에 4,500명의 병력을 파병하여 미국의 환심을 사서 나토 회원국 가입의 기회를 얻었다. 한국전쟁을 계기로 나토가 군사동맹으로 발전함에 따라 서독의 전략적 입장이 중요해졌다. 이에 서독은 재무장을 통해 1955년 나토 회원국이 되었다. 1976년 프랑코 체제가 무너진 이후 스페인은 1982년 나토 회원국이 되었다. 이로써 창설 당시 12개국으로 출발한 나토는 세 번의 확대 과정을 통해 냉전 시기 16개국으로 늘어났다.

냉전 이후, 회원자격 행동계획

독일 통일과 소연방의 붕괴로 상징되는 냉전 종식 이후 나토는 1994년 브뤼셀 정상회담을 통해 중·동유럽으로의 확대를 공식적으로 천명했다. 이를 계기로 1999년 4월 워싱턴 정상회담부터 2024년 7월 워싱턴 정상회담에 이르기까지 총 16개국의 중·동유럽 국가들과 북유럽 국가들이 나토의 신규 회원국이 되었다.

동유럽과 서유럽으로 갈라진 냉전 시대와는 달리 유럽이 하나의 대륙으로 통합된 냉전 종식 이후 나토의 회원국 자격에서 중요한 것은 개별적으로 국가들의 나토 가입 의지와 나토가 요구하는 가입 조건을 충족하는 것이었다. 나토의 요구 조건은 1999년 4월에 시작된 회원자격 행동계획으로 나타났다. 회원자격 행동계획은 나토 가입을 희망하는 국가에 문호를 개방한다는 나토의 약속이지만, 이게 바로 가입 희망국의 장래 회원자격을 보장하지는 않는다.

나토 가입의 등용문이라 할 수 있는 회원자격 행동계획의 주요 내용은 다음과 같은 것들이다. 나토 가입을 희망하는 국가는 정치적 민주주의와 시장개방의 경제체제를 유지하면서 특정의 목표들을 성취해야 한다. 또한 나토 가입 희망국은 평화적 수단을 통해 국제적, 인종적, 혹은 외부적 영토 분쟁을 해결해야 하며, 군에 대한 민주주의적 통제를 수립하고 경제적 자유와 사회 정의 그리고 환경에 대한 책임을 지는 것 등이다.

이런 점에서 냉전 이후 나토의 회원국 선정 기준은 나토가 아니라 가입 희망국이 회원자격 행동계획의 주요 요소들을 선택하여 이를 성취해 내는 것이다. 이에 따라 나토는 가입 희망국이 일정 조건들을 충족시키면 회원 가입 회담을 통해 회원국 모두의 동의하에 신규 회원국 가입 여부를 결정한다. 이 과정에서 지난 냉전 당시와 마찬가지로 중요한 조건은 정치적 요소이다.

우크라이나의 나토 가입 문제

2022년 2월 우크라이나 전쟁을 계기로 오늘날 나토

회원국 자격과 관련하여 가장 첨예한 문제는 우크라이나의 나토 가입 여부이다. 우크라이나는 자신의 지리적 위치와 전략적 함의 때문에 나토와 특별한 관계에 있다. 1997년 우크라이나는 나토와 파트너 관계를 형성했고 2009년에는 나토 회원국이 될 수 있는 제반 조건들을 강화했다. 2022년 2월 러시아의 침공을 받은 이후 우크라이나와 나토 관계는 보다 강화되었다. 2023년 7월 빌뉴스 정상회담을 통해 우크라이나는 나토 회원국과 동등한 자격으로 나토 회의에 참여할 수 있게 되어 비공식적으로는 사실상 나토 회원국의 입지를 구축했다.

우크라이나가 공식적으로 나토 회원국이 되는 것은 시간문제에 불과한 것처럼 보였다. 2024년 10월 3일 마르크 뤼터 나토 사무총장은 키이우를 방문한 자리에서 나토의 핵심 목표는 우크라이나가 나토 정회원이 되는 것이라는 점을 강조했다. 젤렌스키 우크라이나 대통령도 자신이 구상했던 승리계획의 핵심은 우크라이나의 나토 가입이라는 점을 공개적으로 밝힌 바 있다. 문제는 러시아의 강한 반발이다. 이번 우크라이나 전쟁에서 알 수 있듯이 러시아는 우크라이나의 나토 가입을 결코 받아들일 수 없다. 동맹 창설 당시 중요시되었던 지리와 전략이라는 나토 회원국 자격조건이 현재 상황에서는 우크라이나에 불리하게 작용하고 있다. 또한 트럼프 행정부 출범 이후 미국도 우크라이나의 나토 가입을 공식적으로 반대하고 있다. 따라서 우크라이나의 나토 가입 문제는 단순히 나토의 회원자격 기준 차원을 넘어 나토와 러시아 간 강대국 국제정치의 관점에서 보아야 한다. 우크라이나를 비롯하여 조지아, 몰도바, 보스니아 헤르체고비나 등이 나토 가입을 희망하고 있다. 향후 나토 회원국은 더 늘어날 걸로 전망된다. 하지만, 나토의 신규 회원국 확대는 러시아와의 갈등을 배제할 수 없다. 나토의 회원국 확대 문제는 예나 지금이나 유럽 안보의 뜨거운 감자로 남아 있다.

CHAPTER 2

나토 본부와 정치구조

대서양동맹으로 불리는 나토는 32개국으로 구성된 다자적 정치·안보 제도이자 거대한 군사동맹이다. 물론 나토는 유럽연합의 집행위원회처럼 회원국의 주권을 제어하고 관리할 수 있는 초국가적 기구나 제도가 아니다. 나토는 유엔(UN)처럼 개별 회원국이 자국의 이익을 나토 정책에 반영하기 위한 회원국 정부들의 협의체이다. 따라서 나토 구조는 정치·군사 조직, 정책결정자 그리고 다양한 조직들과 절차들로 구성되어 있다. 따라서 나토 구조는 회원국의 이익과 나토 자체의 이익이 절충되는 영역을 구성하고 있다.

나토의 구조와 특성

다자적 정치·안보 제도이자 군사동맹이라는 양면적 성격을 갖고 있는 나토는 복잡하고 다양한 조직들로 구성되어 있다. 나토의 조직들은 나토가 지향하는 목표와 임무 그리고 회원국의 기대와 이익 등을 협의하고 이를 나토 정책으로 전환하고 효율적으로 집행해 나가기 위한 것이다. 나토의 주요 조직으로는 나토 본부와 정치·군사구조 그리고 이를 지원하는 다양한 위원회와 기관이 존재한다. 32개국으로 구성된 나토는 이러한 제도화된 조직을 기반으로 시시각각 변화하는 국제 정세에 부단히 적응하면서 동맹의 존재와 정체성을 유지해 나간다. 따라서 나토의 구조적 변화는 회원국들의 중장기적 계획에 따른 게 아니라 당시의 상황과 필요에 따라 점진적으로 변화되었다는 점을 이해할 필요가 있다.

먼저, 나토의 일상적인 행정 활동은 브뤼셀에 있는 나토 본부를 중심으로 움직인다. 나토 본부는 나토의 살림살이를 책임지는 사무총장을 중심으로 구성된 동맹의 정치와 행정의 중심지이다. 나토 본부에는 대략 4,000명 정도의 상시 근무자들이 일상적인 행정 업무 전반을 담당하고 있다. 나토 사무총장은 나토 행정의 총괄 책임자로서 나토의 주요 정치구조와 군사구조에서 이루어지는 다양한 정치적 협의의 의장직을 맡는다.

다음으로 나토의 정치구조이다. 나토의 정치구조에서 가장 중요한 조직은 북대서양이사회(NAC)이다. 북대서양이사회는 북대서양조약 제9조에 따라 수립되었다. 북대서양이사회는 조약을 통해 명시적으로 권한을 부여받은 유일한 나토 조직이다. 북대서양이사회는 회원국 간 광범위한 정치적 협의와 조정을 위한 포럼을 제공한다. 북대서양이사회의 주요 업무는 조약의 기본 목표라 할 수 있는 세계평화와 당시의 정세 그리고 그에 부합하는 동맹의 임무와 역할 등을 결정한다. 또한 북대서양이사회는 다양한 영역에 걸쳐 있는 나토의 정책이 효율적으로 집행될 수 있도록 정치적 토대를 제공한다.

참고로, 나토의 정치구조에 속해 있는 주요 조직에서 열리는 회의는 기본적으로 북대서양조약 제4조에 바탕을 두고 있다. 조약 제4조는 회원국 중 어느 일국의 영토적 통합, 정치적 독립이나 안보가 위협을 당할 때마다 회원국들은 공동으로 협의한다는 점을 규정하고 있다. 이러한 정치적 협의는 나토의 모든 정치조직에서 이루어진다. 다른 동맹에서는 찾아볼 수 없는 나토의 독특한 속성이라 할 수 있다.

북대서양이사회(NAC)

북대서양이사회는 주어진 임무를 효율적으로 수행하기 위해 상황에 따라 다양한 분야에 걸쳐 필요한 보조기구를 설립할 수 있는 권한을 부여받은 유일한 조직으로 다른 나토 조직과 차별성을 갖는다. 이러한 이유로 인해 나토 정치구조에는 북대서양이사회의 업무를 직간접적으로 보좌하는 수많은 위원회가 있다. 2010년 사령부 구조와 조직 개편을 단행하면서 나토는 북대서양이사회를 보좌하는 다양한 위원회도 검토하였다. 이러한 검토는 나토가 통합적이면서도 유연한 업무 절차를 효과적으로 하기 위한 목적과 관련이 있다. 북대서양이사회를 지원하는 다양한 위원회는 회원국들이 다양하고 폭넓은 주제에 대한 정보를 교환하고 협의를 통한 합의에 따른 정책 결정을 내릴 수 있는 기반이 된다.

북대서양이사회는 3가지 수준에 걸쳐 회의를 연다. 일반적인 규칙으로서 적어도 일주일에 한 번 이상 개최되는 상임 대표자 회의(회원국의 나토 대사), 1년에 두 번 열리는 외교부 장관과 국방부 장관으로 구성된 각료 회의 그리고 특별한 기반에 근거해 회원국 국가나 정부 수반이 참석하는 정상회담이다. 그러나 북대서양이사회는 이보다 더 자주 열릴 수 있다. 북대서양이사회는 어느 날 어느 때라도 소집될 수 있고 2시간 정도의 사전 고지를 통해서 사무총장이나 회원국 중 일국의 요청이 있으면 회의가 열릴 수 있다.

나토 대사들, 외무장관들, 국방부 장관들 그리고 회원국들의 정부 수반이나 국가 원수 등 다양한 수준에서 개최되는 북대서양이사회의 지위는 모두 똑같고, 그 결정 역시 동등한 효력을 가진다. 회원국들의 모든 주권은 동등한 권리를 가지며 공동 동의에 따라 합의가 이루어진다. 모든 결정은 투표나 다수결이 아닌 합의(만장일치)에 기반한다. 북대서양이사회가 채택한 결정들은 구속력을 가지고 이사회 그 자체에 의해서만 파기될 수 있다.

그러나 이러한 법적 평등성의 배후에는 현실적으로 불평등한 권력이 존재하는 것도 사실이다. 나토 회원국들은 영토 규모나 국력이라는 측면에서 상당한 차이가 있다. 이러한 지정학적·물리적 차이는 나토에서 회원국이 영향력을 행사할 수 있는 토대로 작용한다. 냉전 당시 미국이 핵무기를 거의 독점하고 있었기 때문에 미국은 효율적으로 나토의 안보 결정에서 거부권을 행사할 수 있었다. 나토의 정치구조에서 이러한 법적 평등과 정치적 불평등으로 말미암아 북대서양이사회 그 자체는 현실적으로 조직의 일상적인 업무를 수행하는 상임 대표자이사회와 정책 지침을 세우고 나토를 위한 주요 결정을 이행하기 위해 적어도 1년에 두 번 개최되는 각료이사회라는 두 개의 기관으로 존재한다고 보아도 무방하다. 일반 대중들에게 가장 익숙한 북대서양이사회의 모습은 연 2회 개최되는 회원국 외무장관이 참석하는 각료 회의이다.

핵기획그룹(NPG)

나토의 정치구조에서 또 다른 중요한 조직은 나토의 핵무기 정책을 총괄적으로 다루는 핵기획그룹이다. 이 조직은 나토의 핵 정책을 제고, 정책들을 구상 그리고 핵 문제를 협의하기 위해 국방부 장관 수준에서 연 2회 열린다. 지난 냉전 시대 핵기획그룹의 결정은 국방부 장관이 참여하는 방위기획위원회(DPC)의 승인을 받아야 했다. 냉전 종식 이후 핵기획그룹은 시시각각으로 변화하는 안보 환경에 비추어 나토의 핵 정책을 검토하고 적응력이 있는 대안을 모색했다. 핵전력과 관련된 특정 문제와 핵무기 통제 및 핵확산과 같은 포괄적인 문제도 논의한다. 현재 핵기획그룹에는 프랑스를 제외한 모든 나토 회원국이 참여하고 있다. 핵기획그룹의 회의는 나토 사무총장이 의장을 맡고 회원국의 국방부 장관으로 구성된다.

참고로 나토의 주요 정치구조와 관련해서 과거에는 존재했으나 지금은 해체된 중요한 조직이 있었다. 회원국의 국방부 장관으로 구성된 방위기획위원회(DPC)이다. 1963년에 창설된 방위기획위원회는 프랑스가 나토 군사구조에서 탈퇴한 이후(2009년에 완전 복귀) 프랑스를 제외한 모든 회원국의 대표들로 구성되었다. 방위기획위원회는 직접적으로 방위와 관련된 쟁점들과 동맹의 통합 군사 지휘 구조와 관련된 모든 문제를 다루는 조정 기구이자 정책 결정 기구였다. 방위기획위원회는 2010년 나토의 구조 개혁 과정에서 해체되었고 그 권한은 북대서양이사회로 흡수되었다.

CHAPTER 3

군사구조와 작전통제권

○ 다자적 군사동맹인 나토의 군사구조는 군사적 함의를 가지는 정치적 결정들을 수행하는 데 관여하거나 이를 활용하는 모든 군사 행위자와 조직들을 구성한다. 나토 군사 조직의 핵심 요소는 회원국 합참의장으로 구성되는 군사위원회, 집행기관인 국제군사참모부(IMS) 그리고 동맹의 핵심적 군사 지휘 구조라 할 수 있는 동맹의 작전사령부와 변혁사령부이다.

군사위원회(MC)

나토 군사위원회는 북대서양이사회 다음으로 나토에서 가장 오래된 상설 조직이다. 군사위원회는 북대서양이사회와 핵기획그룹에 대해 군사 자문을 하고 예하의 나토 사령부에 전략적 방향을 제시한다. 군사위원회는 나토의 정치적 의사결정과정과 동맹의 군사구조를 연결하는 필수적인 조직이다. 군사위원회는 정치적 결정과 지침을 군사적 방향으로 전환하고 나토의 방위 지역과 군사작전에 관한 결정을 이행하는 데 필요하다고 여겨지는 조치를 권고할 책임이 있다. 군사위원회의 주요 역할과 책임은 북대서양이사회에 군사정책 및 전략에 대한 합의 기반 조언을 제공하고 나토의 주요 전략사령관에게 방향을 제시하는 것이다. 군사위원회는 회원국의 군사 대표진 사이에서 자주 열린다. 군사위원회는 회원국의 고위급 장성들이 참여하며 연 3회 열린다.

국제군사참모부(IMS)

군사위원회의 집행기관인 국제군사참모부는 동맹의 정치적 의사결정 기구와 전략사령관(작전사령부와 변혁사령부 지휘관) 및 그들을 보좌하는 참모를 연결하는 필수적 역할을 한다. 이를 통해 국제군사참모부는 군사위원회에 최상의 전략적 군사 조언과 직원 등을 제공한다. 또한 국제군사참모부는 평가 준비, 나토 군사 문제에 관한 다양한 연구, 전략 및 작전 관심 영역 식별 그리고 행동 방침 제안 등을 한다.

국제군사참모부는 군사위원회를 효율적으로 보좌하기 위해 다음과 같은 기능적 부서로 구성된다. 먼저, 작전 및 계획부서이다. 이 부서는 나토 작전을 면밀하게 모니터링하고 모든 사전 계획을 관리하고 훈련이나 진행 중인 관련 군사작전 등에 대해 조언한다. 다음으로 정책 및 역량 부서로 참모부 내에서 동맹의 방위 정책 및 분석과 관련된 문제들을 지휘 총괄한다. 특히, 이 부서는 군사위원회가 특별히 관심을 가지는 변혁 문제나 전략적 군사정책을 담당한다. 또한 정책 및 역량 부서는 핵억제정책 및 화학, 생물학, 방사능 및 핵 국방정책, 국방 계획, 군비 및 과학기술을 포함한 역량 개발 및 제공 분야에 걸쳐 전략적인 군사 자문을 제공한다.

이러한 부서 이외 국제군사참모부는 파트너 국가와 협력을 도모하고 증진하는 협력안보 부서와 물류 및 자원 부서 등이 있다. 또한 참모부 조직으로 나토 회원국 및 나토 사령부에 정보 지원을 제공하고 정보 공유 문제에 대한 자문 및 정보 연락 활동 등을 수행하는 합동 정보안보국, 나토의 정책 표준 개발을 지원하고 협의·지휘·통제(C3) 영역에서 나토에 분석과 조언을 제공하는 나토 본부 C3 참모부, 나토 상황센터와 나토 표준화 사무소 등이 있다.

작전사령부(ACO)

나토 병력을 실제로 관장하는 조직이 작전사령부(ACO)와 변혁사령부(ACT)이다. 벨기에 몽스(Mons) 근처에 사령부 본부를 두고 있는 작전사령부는 동맹의 모든 군사작전의 계획과 실행을 책임지고 있으며, 유럽군 최고사령관이 이를 지휘·통제한다. 작전사령부의 전반적인 목표는 동맹국의 영토 통합성을 유지하고 항행의 자유와 경제적 생명선을 보호하며, 회원국의 안전을 보존하거나 복원함으로써 연합국의 방위와 안보를 책임진다.

작전사령부는 전략 차원에서 9개의 주요 작전사령부 중에서 최고 수준의 사령부이다. 그중에서 유럽군 최고사령부(SHAPE)는 전략 본부로 동맹의 전략적 목표를 달성하기 위해 나토 군사작전, 임무 및 임무를 준비하고, 계획하며, 이를 실행한다. 유럽군 최고사령부의 사령관은 유럽군 최고사령관(SACEUR)이다. 이 자리는 동맹 창설 이후 현재까지 언제나 미국의 4성 장군이 보직을 맡아 왔다. 그는 또한 미국의 유럽사령부 사령관 직위도 맡고 있다.

작전 수준에서 지휘통제는 네덜란드 브런섬, 이탈리아 나폴리 그리고 미국 버지니아주의 노퍽 등 3개의 상비연합군사령부로 구성된다. 이들 모두는 다양한 규모와 범위의 나토 작전을 계획하고 이를 수행하고 유지할 준비를 한다. 작전 수준의 3개 사령부는 유럽군 최고사령관의 지시에 따라 나토 본부의 임무와 책임을 지원하기 위해 주요 파트너 및 지역 조직과 협력할 책임을 맡는다. 그리고 전술(또는 구성 요소) 수준의 지상과 해상 그리고 공중 사령부는 단일의 군별 지휘로 구성된다. 육군과 해군, 공군의 전술적 지휘·통제사령부는 튀르키예 이즈미르에 있는 동맹군 지상사령부, 영국 노스우드에 있는 동맹군 해군사령부 그리고 독일의 람슈타인에 있는 동맹군 항공사령부이다.

변혁사령부(ACT)

동맹군 작전사령부와 동등한 지위의 동맹군 변혁사령부는 나토의 군사구조, 병력, 역량 및 교리의 변혁을 주도하는 전략 사령부이다. 변혁사령부는 변화하는 안보 환경에서 동맹의 군사적 적응을 주도하고 일관성을 보장하면서 상호운용성을 위한 회원국 간 노력을 조정한다. 또한 나토가 회원국의 자유와 안보를 보장하는 데 도움이 되는 올바른 군사 수단을 보유하도록 한다.

변혁사령부는 나토의 준비 태세와 신뢰성을 개선하고 나토의 주요 사령부가 현재와 미래의 군사작전을 효율적으로 지휘·통제 및 지원하는 데 도움을 준다. 아울러 필요한 경우 위기와 분쟁에 대한 안전하고 안정적인 전환을 제공한다. 또한 변혁사령부는 일반적으로 나토의 전력구조와 밀접하게 연결되어 있다. 이는 회원국이 동맹의 지시에 따라 배치한 군대와 지휘통제 구조로 구성된다.

나토는 현재 및 향후 사이버 및 하이브리드 전쟁, 우주의 군사화, 인공 지능 사용, 기타 새로운 안보 과제로 인해 미래에 대비하기 위해 정책, 전략, 교리 및 역량의 혁신이 요구되는 상황을 맞이하였다. 이러한 상황 변화는 인력, 장비, 교리, 절차 및 기술에 영향을 미치며 이를 전쟁 개발이라고 부른다. 나토는 미래 작전을 준비해야 한다. 이를 위해 변혁사령부는 나토의 전쟁 능력이 미래의 관련성을 유지하고 현재와 미래의 안보 환경에 대한 필수적인 이해를 제공하며 나토 교리, 개념 및 상호운용성에 관한 표준 개발을 지원한다. 변혁사령부는 현재와 미래의 안보 문제를 해결하기 위한 전략적 군사 전문성과 혁신적인 접근방식을 통해 나토의 주요 예하 사령부를 목적에 적합하고 집단 방위, 위기관리 그리고 협력안보인 동맹의 3대 핵심 임무가 제대로 작동할 수 있도록 한다.

참고로, 군사동맹인 나토에서 미국의 영향력이 거의 절대적인 것은 미국의 군사력이 나토의 어떤 동맹국보다 우위에 있을 뿐만 아니라 나토의 군사구조가 이러한 미국의 압도적인 군사력을 제도적으로 뒷받침하고 있기 때문이다. 즉, 나토의 모든 방위영역을 총괄적으로 책임지고 있는 동맹의 작전사령부와 그중에서 가장 핵심 지역인 유럽군 최고사령부의 지휘관은 동맹 탄생부터 지금까지 언제나 미국의 4성

장군이 맡아 왔다.

지휘 구조와 작전통제권

나토의 작전통제권 행사 권한 문제를 이해하기 위해서는 먼저 나토의 지휘 구조를 이해해야 한다. 원칙적으로 나토의 군사 지휘 구조는 이원적으로 존재한다. 즉, 회원국이 개별적으로 지휘·통제하는 국가 지휘 구조와 평상시 회원국이 나토에 명목적으로 할당한 동맹의 공식적인 지휘 구조이다. 이러한 이원적 지휘 구조는 유사시 회원국 개별 차원에서 동맹의 공식적 지휘 구조로 동맹의 군사력을 원만하게 전환하기 위한 것이다.

이런 점에서 회원국의 군사력은 크게 3개의 범주로 구분되어 있다. 첫째, 할당 병력(forces assigned)이다. 회원국의 할당 병력은 나토 사령관의 작전통제 하에 이미 배치된 전력이다. 둘째, 지정 병력(forces earmarked)이다. 지정 병력은 향후 나토 사령관의 작전통제 하에 배속될 병력이거나 혹은 유사시 나토 사령관의 작전통제 하에 배속될 회원국의 전력이다. 셋째, 국가 병력(national forces)이다. 국가 병력은 회원국의 군 최고 통수권자의 지휘통제 하에 남아 있는 회원국의 독자적인 군사 전력이다.

나토의 작전통제권은 회원국의 할당 또는 지정 병력에 대해서는 관련 나토 사령관에게 있고, 회원국의 나머지 병력에 대한 작전통제권은 회원국의 군 최고 통수권자에게 있다. 작전통제권은 한미동맹의 경우처럼 평시나 전시로 구분되는 게 아니라 평시와 전시를 구분하지 않고 그냥 작전통제권이다. 나토가 관여된 전쟁이 일어났다 하더라도 나토 사령관이 회원국의 모든 병력에 대해 작전통제권을 행사하는 게 아니다. 해당 회원국이 법적 절차에 따라 국가 병력을 나토 사령관에게 이양해야만 나토 사령관이 그 병력에 대해 작전통제권을 행사할 수 있다. 따라서 지난 냉전 당시 나토에서 작전통제권을 둘러싼 주요 쟁점은 누가 작전통제권을 행사하느냐가 아니라 평상시 회원국의 병력을 나토에 어느 정도로 할당 또는 지정할 것인가와 관련되었다.

NORTH

ATLANTIC

TREATY

ORGANIZATION

THE

TRUMP

ADMINISTRATION

THE

KOREAN

PENINSULA

CHAPTER 4

전략개념의 변화와 전략적 파트너

나토의 전략개념은 시대적 안보 환경에 나토가 적절히 대응하고 안보 환경 변화에 적응할 수 있도록 안내해 주는 동맹의 전략적 나침반이다. 1949년에 탄생한 나토가 동맹 탄생의 법적 토대인 북대서양조약을 단 한 차례도 수정하지 않고 오늘날까지 살아 숨 쉴 수 있는 것도 다름 아닌 전략개념의 기능 때문이라 할 수 있다. 북대서양조약에서 제시한 동맹의 가치와 절차에 부합하는 기능을 담당하는 전략개념은 주기적으로 수정되면서 안보 환경의 시대적 변화에 조응, 동맹의 존재와 역할 및 임무를 새롭게 규정해 왔다. 나토는 이를 통해 정체성과 생명력을 유지하고 또한 강화하는 것이다.

8차례에 걸친 전략개념의 변화

동맹 탄생 이후 오늘에 이르기까지 나토의 전략개념은 총 8차례 갱신되었다. 첫 번째 전략개념은 1949년 12월 1일 북대서양 지역의 방위를 위한 전략개념이었다. 나토의 첫 번째 전략개념은 향후 나토 전략의 발전을 통해서 지속되어 왔던 근본적 원칙들이 내포되었다. 즉, 대서양동맹의 방어적 성격, 전쟁 예방에 대한 강조, 집단성의 중요성, 핵무기의 역할 그리고 지역적 상이성 내에서 전략적 통일을 기하는 것 등이다.

한국전쟁을 계기로 나토가 군사화되는 과정에서 1952년 12월 3일 소위 전진 방위전략이라 할 수 있는 두 번째 전략개념이 마련되었다. 1957년 5월 23일 북대서양이사회는 핵전력을 우선하는 대량보복전략으로 알려진 나토 지역의 방위를 위한 전반적인 전략개념(MC 14/2)을 승인하였다. 그러나 세 번째 전략개념인 대량보복전략은 소련의 핵전력 강화로 군사적 효용성이 사라지게 되었다. 왜냐하면 미국 본토가 소련의 핵전력에 노출되었기 때문이었다. 따라서 나토는 소련의 핵전력에 대한 억제력을 강화할 필요가 생겼다. 이에 따라 미국과 서유럽 국가들은 거의 6년에 걸친 격렬한 논쟁 끝에 1967년 12월 나토의 네 번째 군사전략으로 MC 14/3인 유연반응전략을 공식적으로 채택하였다. 1968년 1월 16일 북대서양이사회는 나토 억지력으로써 핵전력과 재래식전력 간 우선성 문제를 모호하게 만든 유연반응전략인 나토 지역의 방위를 위한 전반적인 전략개념(MC 14/3)을 승인했다.

　　냉전 종식 이후 나토 전략개념의 변화는 나토 확대에 따른 안보 환경과 밀접하게 연결되었다. 나토는 1990년 7월 런던 정상회담에서 이에 부합하는 새로운 전략개념을 구상했고, 1991년 11월 로마 정상회담에서 이를 채택하였다. 따라서 다섯 번째로 채택된 1991년의 전략개념은 무엇보다도 냉전 종식이라는 국제체제의 구조적 변화에 대해 나토가 신속히 대응할 필요성에서 나왔다. 나토는 1991년의 전략개념을 바탕으로 과도기 유럽의 정세를 관리하는 가운데 1994년 브뤼셀 정상회담에서 중·동유럽 지역으로의 확대 정책을 공식적으로 천명했다. 이를 계기로 나토의 주된 임무와 역할은 러시아의 안보적 입장을 고려하면서 나토의 확대 정책을 성공적으로 추진하는 것이었다. 그 과정에서 나토는 1991년의 전략개념을 수정하고 보완하여 1999년 4월 워싱턴 정상회담에서 나토의 여섯 번째 전략개념으로 승인했다.

　　2010년 11월 리스본 정상회담에서 나토는 새로운 전략개념을 채택했다. 이번에 채택된 전략개념은 1999년의 전략개념 채택 이후 대략 10년 만에 나왔다. 2010년의 전략개념은 지역 안보와 국제 정세의 변화에 적극적으로 대응하기 위한 차원이었다. 나토가 2010년의 전략개념을 채택하게 된 가장 중요한 국제 정세의 변화는 2001년 9·11 테러에 대한 미국의 지구적 대테러전과 2008년 하반기 국제적 금융위기를 계기로 나머지 국가들의 부상과 지구적 경기침체에 따른 힘의 이동이다.

2022년 6월 마드리드 정상회담에서 나토는 새로운 전략개념을 채택했다. 이번에 채택된 전략개념은 2010년의 전략개념 채택 이후 12년 만에 나온 것이었다. 2010년의 전략개념 채택 이후 국제 정세의 변화 흐름에서 나토가 새로운 전략개념을 채택하게 된 주요 배경으로는 미국과 유럽 회원국 간 동맹 갈등, 중국의 전략적 부상과 강대국화 그리고 러시아의 우크라이나 침공(이하 우크라이나 전쟁) 등을 들 수 있다. 2022년의 전략개념은 냉전 종식 이후 등장한 1991년의 전략개념, 1999년의 전략개념 그리고 2010년의 전략개념이 구상되고 채택되었던, 비교적 안정적이고 평화로웠던 정세와는 전혀 다른 상황에서 등장했다. 즉, 2022년의 전략개념은 미국의 압도적 능력이 쇠퇴하고 중국이 빠른 속도로 부상하고, 유럽의 안보 지형을 바꾸고자 하는 러시아의 권력 정치가 부활하는 전환기적이고 불확실한 국제질서를 배경으로 등장했다.

나토의 파트너 유형

냉전 종식 이후 나토는 동맹의 핵심 임무와 관련하여

협력안보(cooperative security) 부분을 중요하게 취급했다. 협력안보라는 개념은 기본적으로 나토와 파트너 국가들 간 협력을 통해 나토 방위영역의 역내·외 안정과 평화를 관리하는 것과 관련 있다. 냉전 종식 이후 나토의 중·동유럽 지역으로의 확대 정책은 기본적으로 협력안보를 통한 역내 파트너 국가들과의 협력 강화에 기반을 두고 있다.

나토의 파트너 국가는 크게 3종류로 분류된다. 첫 번째 유형은 나토 회원국이 아닌 유럽 국가로 나토의 파트너십 강화를 통해 향후 나토 회원국이 되고자 하는 나라들이다. 2022년 마드리드 정상회담에 초청된 스웨덴과 핀란드뿐만 아니라 새로운 전략개념에서 언급된 보스니아 헤르체고비나, 조지아 그리고 우크라이나 국가들이 이에 속한다. 두 번째 유형은 나토의 방위영역에 속하지 않는 중동과 북아프리카 지역에 있는 유럽의 주변 지역 나라들이다. 지중해 주변 지역으로는 1994년에 구성된 지중해 대화(Mediterranean Dialogue)에 속하는 알제리, 이집트, 이스라엘 국가들이다. 또한 2004년에 출범한 이스탄불 협력 구상(Istanbul Cooperation Initiative)은 중동 지역을 중심으로 바레인, 카타르, 쿠웨이트, 아랍에미리트 국가들이 속해 있다. 세 번째 유형은 아시아 태평양 지역에 있는 국가들이다. 2022년 마드리드 정상회담에 참석한 한국, 일본, 호주 그리고 뉴질랜드 국가들이 대표적인 나라들이다.

나토와 파트너 국가의 협력 수준과 관련해 주목해야 할 것은 나토의 준회원 파트너(EOP: Enhanced Opportunities Partner)이다. 준회원 파트너 국가는 나토와 안보협력을 추진하는 데 있어서 일반적 협력 방식이 아니라 특정한 목적을 위한 맞춤형 방식을 통해 나토와 협력프로그램을 추진해 나가는 파트너 국가를 의미한다. 따라서 나토의 준회원 파트너는 비록 북대서양조약 제5조의 집단 방위의 대상은 아니지만, 유사시 나토로부터 그에 버금가는 안보협력과 안보 지원을 받을 수 있는 국가이다. 나토는 2014년 웨일즈 정상회담을 통해 호주, 핀란드, 조지아, 요르단 그리고 스웨덴을 준회원 파트너 국가로 지정했다. 2020년 6월 나토는 우크라이나를 준회원 파트너 국가로 받아들여 나토가 주도하는 다양한 작전과 임무에 참여할 수 있는 길을 열었고 나토와의 상호운용성을 강화해 왔다.

2022년 전략개념을 통해 나타난 협력안보와 관련된 주요 시사점은 크게 두 가지 측면을 제시할 수 있다. 먼저, 나토의 회원국 확대를 의미하는 문호개방정책이다. 마드리드 정상회담에 초청된 스웨덴과 핀란드는 회원국 가입 절차를 밟아 최종적으로 2023년과 2024년에 나토 회원국이 되었다. 스웨덴과 핀란드의 나토 가입으로 나토 유럽연합군사령부의 책임 지역은 8,600㎢ 이상 확대되었다. 또한 스웨덴과 핀란드의 나토 가입은 향후 북극 환경을 중심으로 펼쳐질 러시아와의 기후 안보협력에서 상당한 도전 요인으로 작용할 것으로 예상된다. 왜냐하면 미국, 러시아, 캐나다, 노르웨이, 덴마크, 핀란드, 스웨덴, 아이슬란드의 8개국으로 구성된 북극이사회(Arctic Council) 중에서 러시아를 제외하고는 모두 나토 회원국으로 구성되어 있기 때문이다.

나토는 향후 확대 대상국으로 보스니아 헤르체고비나, 조지아 그리고 우크라이나를 언급했었다. 그러나 우크라이나 전쟁 발발의 주요 원인이 우크라이나의 나토 가입에 따른 러시아의 안보적 이해관계와 밀접한 관련이 있다는 점을 고려했을 경우, 나토와 러시아 사이의 회색지대는 새로운 뜨거운 쟁점이 될 것이다. 이러한 문제의 해결 방안으로 3가지 중첩적인 접근 방안을 모색해 볼 수 있다. 첫 번째는 나토의 동쪽으로의 확대 정책을 반대하는 러시아의 입장을 고려하여 이들 지역을 중립 지역으로 설정하고, 이 지역 국가들의 주권과 독립을 강화하는 것이다. 두 번째 접근방법은 유럽이 주도하여 중립 지대 국가들의 안전을 보장하는 것이다. 이 방안은 이번 우크라이나 전쟁에서처럼 나토가 전쟁에 직접 개입하지는 않으면서도 중립 지역 국가들의 주권과 독립 수호에 필요한 자산을 제공하는 것이다. 세 번째 접근방법은 중립 지역 국가들을 유럽연합 회원국으로 만들어 중립 지역 국가들의 정치적, 경제적 발전을 도모하는 것이다. 나토가 향후 확대 정책을 지속하기 위해서는 확대 정책의 최종 지점과 러시아의 안보적 이익과 밀접한 관계가 있는 회색지대 국가들의 안보적 문제를 해결할 수 있는 새롭고 창의적인 해법을 마련해야 한다.

한편, 2022년 전략개념을 통해 나타난 협력안보와 관련된 또 다른 주요 시사점은 인도 태평양 국가들과의 파트너 협력관계를 강화해 나가는 것이다. 국제적 안보 지형이 미국과 중국의 전략경쟁과 더불어 러시아와 전략적 제휴를 강화한 중국과의 글로벌 경쟁으로 격화되는 시점에서 인도 태평양 지역의 정세는 중국 주도의 세력 전이와 미국 주도의 세력균형이 강하게 대립하고 있다. 이에 따라 이 지역에서는 지역적 불안정과 유동성이 커지고 있다. 이러한 정세를 반영하여 나토는 2022년 마드리드 정상회담에 한국, 일본, 호주, 뉴질랜드의 4개국을 초청하여 협력안보에 바탕을 둔 정책을 추진했다. 그 과정에서 나토는 한국과 일본에 나토의 준회원 파트너 국가 지위를 부여하여 다양한 정보 교환, 합동군사훈련, 합동사령부 설치 등을 협의하고 이를 추진할 가능성도 있다.

나토의 파트너 국가는 나토가 지구적 동맹으로 진화하는 데 필수적 부분이 되었다. 21세기에 들어와 나토를 주도하는 미국은 나토를 지역적 동맹을 뛰어넘는 탈지역적 혹은 지구적 동맹으로 전환코자 하는 담대한 구상을 품고 있었다. 나토가 지구적 동맹으로 발전해야 한다는 구상은 2002년 프라하 정상회담으로까지 거슬러 간다. 2002년 11월 프라하 정상회담에서 나토는 다양한 안보 공약과 필요한 방안 등을 제시하는 가운데 동반자 국가들과 새로운 관계를 형성하기 위한 일련의 구상을 승인했었다. 프라하 정상회담을 계기로 지구적 동반자관계라는 이름으로 나토의 탈지역적 동맹으로의 변화는 구체적으로 나타나기 시작했다.

나토의 지구적 동맹 구상

2006년 4월 소피아에서 북대서양이사회는 유럽 역외 국가들과의 군사·전략적 협력 강화를 모색하는 지구적 동반자관계에 관한 공식적인 회담을 열었다. 과거 나토 대사를 역임했던 달더(Daalder)는 나토의 지구적 동맹으로의 변환을 적극적으로 옹호했다. 그는 나토가 지구적 동맹으로 탈바꿈하기 위해서는 회원자격을 규정하고 있는 북대서양조약 제10조의 수정이 불가피하다는 견해를 피력했다. 2006년 11월 리가 정상회담을 앞두고 미국의 부시 대통령은 이번 회담에 일본, 호주, 한국, 핀란드 그리고 스웨덴을 초대한다는 지구적 동반자관계를 제의하기도 했었다.

리가 정상회담에서 나토의 지구적 동반자관계 구상은 유럽 회원국의 반대로 더 이상 진전되지는 못했다. 그러나 미국과 유럽은 역외 파트너 국가들과의 협력을 강화해 나갈 수 있는 맞춤형 방식에 합의하여 향후 나토가 탈지역적·지구적 동맹으로 발전할 수 있는 토양을 마련하였다. 특히, 2008년 4월 부쿠레슈티 정상회담을 통해 나토는 이를 재확인하고 역외 파트너 국가들이자 지구적 동반자관계를 의미하는 접촉 국가들과의 협력 강화 모색을 논의했다. 그 과정에서 나토는 호주, 뉴질랜드, 일본 그리고 한국과 맞춤형 협력프로그램(TCPs)을 협상한 바 있다.

지구적 동맹으로 탈바꿈하고자 하는 나토의 이러한 구상은 2022년 전략개념의 채택으로 한층 탄력을 받게 되었다. 과거와는 달리 국제적 안보 지형이 자유 진영 대 권위주의 세력 간 체제적 경쟁 구도를 보임에 따라 나토는 유럽 대서양 중심의 지역동맹에서 유럽 대서양과 인도 태평양 지역 간 지리적 연결성을 강조하는 탈지역적 혹은 지구적 동맹으로 발전해 나갈 수 있는 발판을 마련했다. 미국은 중국 중심의 권위주의 세력과 체제적 경쟁을 벌이는 전략 환경에서 나토의 준회원 파트너 국가들을 활용하여 지구적 동맹으로의 나토 변화를 도모할 수도 있다. 과거 유럽 안보를 위해 탄생한 나토는 2006년 당시 나토 사무총장이었던 슈페(Scheffer)의

언명처럼, 나토는 대서양동맹이지만, 지구적 동반자와 함께 하는 동맹의 정체성이 강화될 것이다.

CHAPTER 5

방산 관련
주요 위원회와 기관들

○ 32개국으로 구성된 거대 군사동맹인 나토에는 북대서양이사회에 정책 자문과 조언 그리고 업무 결정에 관한 다양한 사항들을 보고하는 수많은 위원회(committee)가 존재한다. 2010년 나토의 개혁 과정에서 나토는 사령부 구조와 나토 기구에 초점을 맞추면서 다양한 위원회도 검토하였다. 이러한 검토는 나토가 통합적이면서 유연한 업무 절차를 더 효과적으로 하기 위한 목적과 관련이 있었다. 여기에서는 일차적으로 나토 방위력과 관련된 방산 업무와 긴밀하게 연관된 주요 위원회를 소개하고자 한다. 20여 개에 이르는 나토 위원회 중에서 주로 동맹의 방위력이나 방산과 직간접적으로 관계된 위원회는 국방정책기획위원회(DPPC), 국가군비이사회(CNAD), 표준화위원회(CS) 그리고 군수위원회(LC) 등을 꼽을 수 있다.

국방정책기획위원회(DPPC)

먼저, 국방정책기획위원회이다. 이 위원회는 2010년

6월 위원회 개혁 이후 국방정책기획위원회로 불리고 있다. 이 위원회는 기존의 집행 실무그룹과 국방검토위원회(Defence Review Committee)를 대체했으며 소관 산하에 하위 위원회는 없다. 이 위원회는 모든 회원국의 국방 문제에 관한 북대서양이사회의 선임 자문 기구이며 파트너십의 국방 측면도 주도하고 있다. 이 위원회는 모든 회원국 국가 대표단의 국방 참사관들을 모으는 핵심 위원회이다. 혁신, 국방 역량, 기관 개혁 및 공동 자금 조달과 같은 광범위한 문제를 다루면서 나토 국방 계획 프로세스를 관리한다. 의장직은 논의 주제에 따라 유연하다. 그러나 이 위원회의 상임 의장은 국방정책 및 기획을 위한 나토 부사무총장이다.

국가군비이사회(CNAD)

두 번째는 국가군비이사회이다. 군비 분야에서 국가 간 협력을 촉진하는 나토의 고위 위원회이다. 다국적 협력을 가능하게 함으로써 나토가 항상 최첨단의 상호운용 가능한 장비를 사용할 수 있도록 하는 데 필수적인 역할을 한다. 이 이사회는 회원국 및 파트너 국가의 국방 조달을 담당하는 국가 고위 관료를 한자리에 모이게 하는 포럼의 역할을 하면서 군사 장비, 무기 시스템의 연구, 개발 및 생산을 위한 협력 기회를 식별하는 임무를 맡고 있다. 주요 임무는 현재와 미래 작전의 전체 스펙트럼에서 나토 군 전력의 효율성을 향상하기 위해 상호운용 가능한 군사 능력 제공에 대한 다국적 협력을 가능하게 하는 것이다.

또한 국가군비이사회는 필수적인 전장 상호운용성을 증진하고 동맹 차원에서 군사 요구 사항을 조화시키는 데 핵심적인 역할을 하나. 또한 협력 기회를 식별·추구하고 동맹의 방위 산업 협력을 촉진한다. 국가군비이사회와 그 하부 구조는 연합 형식으로 구성되며, 상당수의 그룹도 파트너에게 개방되어 있다. 국가군비이사회의 업무는 산하 위원회에 의해 준비되고 지원된다. 육군, 공군, 해군 주요 군비단(MAG)과 각 소그룹은 총회의 업무를 지원하며 각 분야의 모든 활동에 대한 책임을 진다. 수명 주기 관리 그룹, 탄약 안전 그룹과 국가 성문화 책임자 그룹도 국가군비이사회의 하위 구조이며 동맹 기능의 표준화 및 상호운용성을 지원하기 위해 전문 지식을 제공한다. 또한 국가군비이사회는 상황에 따라 회원국과 파트너에게 장비 및 연구 프로젝트에 대한 협력 기회를 제공한다. 동시에 개별 국가와 나토 전체의 이익을 위해 국가 프로그램에 대한 정보 교환을 촉진한다.

표준화위원회(CS)

세 번째는 표준화위원회이다. 모든 나토 회원국의 대표로 구성된 동맹 표준화를 위한 나토의 선임 위원회이다. 북대서양이사회의 권한에 따라 운영되는 이 위원회는 모든 나토 표준화 활동에 대한 정책 및 지침을 관장한다. 주요 임무는 동맹 내에서 표준화 정책 및 관리를 위한 영역 거버넌스를 행사하여 동맹국의 상호운용성 증진과 가성비 있는 효율적 군사력 및 역량 개발을 지원하는 것이다. 주요 역할 및 책임은 동맹 전반에 걸쳐 표준화 활동을 조정하는 고위 기관으로서 표준화를 위한 나토 정책의 개발을 주도하고 그 이행을 모니터링한다. 나토 표준의 개발, 유지 보수, 관리 및 구현을 촉진한다. 또한 필요에 따라 모든 나토 기구에 표준화 지침과 절차를 제공한다. 나토 사무총장이 표준화위원회의 의장을 맡고 있으며, 국방 투자 담당 사무차장보와 군사위원회 부의장 등 2명의 3성 정상이 상임 공동의장을 맡고 있다. 참여국들, 특히 상호운용성 플랫폼에 속한 국가들은 위원회의 활동에 적극적으로 참여하고 있다. 상호운용성 플랫폼은 나토와의 상호운용성을 강화하겠다는 의지를 보여준 파트너들과 동맹국들을 한데 모은다.

역사적으로 표준화위원회는 두 개의 별도 표준화 기관

인 군대와 민간인의 합병에서 발전했다. 군사 표준화 기관은 1951년 런던에서 설립(1970년 브뤼셀로 이전)되었으며 같은 해 말에 표준화 군사 기관으로 개명되었다. 냉전 종식 이후 1995년 북대서양이사회는 광범위한 표준화 문제를 해결하기 위해 나토 표준화사무소를 설립했다. 1998년과 2000년 사이에 나토 표준화를 검토한 후 두 기관은 하나로 통합되어 새로운 나토 표준화 기구의 인력 요소로 나토 표준화 기관을 창설했다. 표준화위원회는 나토 표준화 기구의 업무를 감독하기 위해 2001년에 창설되었다. 2014년 회원국의 국방부 장관들은 효율성을 높이기 위해 나토 기관의 개혁 조치로 군사위원회가 선출하고 나토 사무총장이 임명하는 이사로 구성된 나토 표준화사무소를 설립해 이전의 나토 표준화 기구를 대체했다.

군수위원회(LC)

네 번째는 군수위원회이다. 나토의 물류에 대한 선임 자문 기관이다. 군수위원회는 민간과 군사 물류 문제, 동맹 물류 상호운용성 및 물류 협력에 대한 정책권장 사항 및 조정된 조언의 개발을 조화시키고 조정할 책임이 있다. 즉, 군수위원회는 연합군의 성능, 효율성, 지속 가능성 및 전투 효율성을 높이기 위해 소비자 물류 문제를 해결하는 것이다. 북대서양이사회를 대신하여 나토 내 모든 물류 기능에 걸쳐 중요한 조정 권한을 행사한다. 군수위원회는 필요한 물류 지원 개념이 제자리에 있고 물류에 대한 나토 비전과 일치하도록 하는 역할을 담당한다. 군수위원회는 「군수용 나토 원칙과 정치」(MC 319/2)라는 핵심 문서를 통해 회원국과 나토 간 물류 지원에 대한 공동 책임의 원칙을 확립한다. 이는 나토와 참가국 모두 나토의 다국적 작전에 대한 물류 지원을 책임지고 있으며, 물류 계획 및 실행 과정에서 회원국과 나토 당국 간 긴밀한 조정과 협력이 특징이라는 구상에 기반을 두고 있다.

군수위원회는 모든 회원국을 대표하는 민간/군사 합동 기구로 회원은 국방부 또는 회원국 물류의 소비자 측면을 담당하는 고위급 관료, 민간 및 군사 대표에서 선출된다. 전략사령부, 나토 지원 및 조달 기관(NSPA), 나토 표준화사무소, 나토 군사 의료 서비스 책임자위원회와 나토 본부 참모의 다른 부문의 대표도 군수위원회의 업무에 참여한다. 군수위원회는 나토 사무총장의 주재로 1년에 두 번 민군 합동 회의를 개최하고 국방정책 및 기획 문제를 담당하는 부서의 사무차장보와 군사위원회 부의장 등 두 명의 상임 공동의장이 있다. 국제사무국(IS)과 국제군사참모부(IMS)의 전담 직원이 공동으로 지원하며 6개의 하위 기관을 통해 작업을 수행하며 그중 처음

두 개가 주요 역할을 한다. ① 물류 위원회 집행 그룹, ② 이동 및 운송 그룹, ③ 파트너 군수 전문가 상임 그룹, ④ 물류 정보 관리 그룹, ⑤ 석유 위원회, ⑥ 탄약 운송 안전 그룹이다.

물류 위원회 집행위원회는 일반적인 물류 문제에 대해 군수위원회에 조언하는 주요 하위 기관이다. 이 기구는 국가, 전략사령관 및 기타 나토 병참 및 병참 관련 기구 간 협의를 통해 병참 정책, 프로그램 및 구상의 이행을 모니터링하고 조정한다. 또한 물류 문제를 해결하기 위한 포럼을 제공하고 이동 및 운송 그룹 및 기타 하위 기관과의 조정을 제공하며, 군수위원회의 전반적인 정책 및 프로그램과 작업을 조화시킨다. 또한 물류 위원회 집행 그룹은 군수위원회의 고려를 위한 물류 정책, 프로그램 및 구상을 개발한다.

이동 및 운송 그룹은 이동 및 운송 분야에 특화되어 있다. 이동 및 운송 문제에 대해 군수위원회에 조언하고 국가, 전략사령관 및 기타 나토 교통 및 운송 관련 그룹과 기관 간 협의 및 협력을 통해 관련 정책, 프로그램 및 구상의 이행을 모니터링하고 조정한다. 물류 위원회 집행 그룹과 이동 및 운송 그룹 모두 특정 전문 지식이 필요한 특정 작업을 수행하기 위해 임시 작업 그룹을 구성할 수 있다.

파트너 물류 전문가로 구성된 상임 그룹은 나토 주도 작전을 위해 파트너가 자발적으로 지원한 파트너 병참 부대 및 역량의 고용을 식별, 개발 및 촉진한다. 이는 파트너와 같이하는 물류 위원회 집행 그룹과 파트너로 구성된 이동 및 운송 그룹의 지도하에 수행된다. 또한 전략사령관에게 물류 사전 준비에 관한 권고안을 제시하고, 보다 일반적으로는 모든 회원국 또는 평화를 위한 파트너 국가와 평화를 위한 파트너십 프로그램과 관련된 물류 주제를 다루기 위한 포럼을 제공한다.

물류 정보 관리 그룹은 나토의 가장 중요한 물류 정보 관리 기구이다. 나토 물류 정보 관리 요구 사항을 검토, 평가 및 권장하고 물류 위원회 집행 그룹에서 고려할 수 있도록 물류 정보 관리 정책 및 지침을 개발한다. 물류 정보 관리 그룹은 국가의 대표가 의장을 맡고 있으며 나토와 파트너 국가의 전문가로 구성된다. 필요할 때마다 회의를 자주 연다.

석유 위원회는 나토 파이프라인 시스템(NPS), 기타 석유 시설 및 취급 장비를 포함하여 석유와 관련된 모든 문제에 대해 동맹국에 대한 물류 지원을 위한 나토의 선임 자문 기관이다. 석유 위원회는 나토 석유 요구 사항과 관련된 문제와 원정 작전을 포함하여 평화, 위기 및 분쟁 시기에 이를 충족하는 방법을 다룬다. 탄약 수송 안전 그룹은 사용할 수 있는 다양한 운송 수단을 활용하여 군수품, 폭발물 및 위험물의 물류 운송을 계획, 조직 및 수행하는 절차에 대해 나토 군대에 지침을 제공한다.

나토의 주요 기관

동맹 전체의 나토 기관은 더 기술적이고 전문적인 분야에서 책임을 맡고 있다. 각 나토 기구는 참가국의 대표로 구성되고 궁극적으로 북대서양이사회가 감독하는 해당 조직에 의해 관리된다. 일반적으로 나토 기관은 조달, 물류 및 기타 형태의 서비스, 지원 또는 협력 분야에서 일부 또는 모든 동맹국의 요구 사항을 충족하여 동맹국이 모든 작전 및 임무를 수행하는 데 필요한 역량을 갖추도록 한다. 또한 파트너 국가 및 기타 국제기구에 운송, 물류 및 보안 통신 분야와 같은 다양한 유형의 지원을 제공한다. 나토의 각 기관은 북대서양이사회가 승인한 헌장에 따라 운영되며 다양한 이사회와 위원회를 통해 북대서양이사회에 보고한다. 나토 기관들은 자율성을 갖고 있으나 헌장에 명시된 조건에 따라야 한다. 나토의 주요 기관으로는 통신정보국(NCI Agency), 지원조달국(NSPA), 북대서양 국방혁신촉진기관(DIANA), 과학기술기구(STO) 그리고 표준화사무소(NSO)가 있다. 여기에서는 방산과 관련성이 더 큰 지원조달국과 북대서양 국방혁신촉진기관의 주요 기능을 살펴보고자 한다.

지원조달국(NSPA)

NSPA는 룩셈부르크 카펠렌에 본부를 두고 있으며 프랑스, 헝가리, 이탈리아에 주요 작전 센터를 두고 있다. 동맹국, 나토 군사 당국과 파트너 국가에 군비 조달, 물류, 운영 및 시스템 지원 그리고 서비스를 포함하여 신속하고 효과적이며 비용 효율적인 획득을 제공한다. NSPA는 「무이익-무손실」 원칙으로 운영되는 고객 자금 지원 기관이다.

NSPA의 탄생과 변화 과정은 다음과 같다. 1958년 북대서양이사회는 연합국의 물류 요구 사항을 충족하기 위해 프랑스 샤토루에 나토 유지 보수 공급 서비스 기관(NMSSA)의 설립을 승인했다. 1968년 이후 NMSSA는 나토 유지 보수 및 공급 기관(NAMSA)으로 이름을 변경했다. 1968년 NAMSA는 샤토루(Châteauroux) 기지에서 룩셈부르크로 이전했다. NSPA는 수십 년 동안 기술, 정치 및 전략적 조건의 변화와 집단 방위 물류에서 나토의 진화하는 발전에 적응해 왔다. 2010년 리스본 정상회담에서 나토 정상들은 7개 회원국에 산재해 있는 14개 기관을 개혁하기로 합의했고, 그 과정에서 주요 기관을 조달, 지원, 커뮤니케이션 및 정보의 세 가지 주요 프로그램 주제로 간소화했다. 이를 통해 역량과 서비스 제공의 효율성과 효과를 높이고, 유사한 기능 간 시너지 효과를 높이며 투명성과 책임성을 높이는 걸 목표로 했다.

2012년 7월 NSPA는 기존의 세 가지 주요 기관인 나토 유지 보수 및 공급 기관(NAMSA), 나토 공수 관리국(NAMA) 및 중부 유럽 파이프라인 관리국(CEPMA)을 통합하여 새롭게 출범했다. NSPA의 임무는 시스템 및 운영에 대한 신속하고 효과적이며 비용 효율적인 물류 지원 서비스를 제공하는 것이다. 이러한 지원은 평화, 위기 및 분쟁의 시기에 필요한 모든 곳에서 나토 동맹국, 나토 군사 당국과 파트너 국가에 개별적으로 또는 집단적으로 제공된다.

NSPA는 운영 및 연습 지원, 수명주기 관리 그리고 서비스라는 세 분야에서 기능한다. 먼저, 운영 및 연습 지원 분야이다. NSPA는 숙박, 케이터링 및 의료 서비스와 같은 실제 지원 서비스를 통해 나토 작전 및 훈련을 지원하고 나토 신탁 기금 프로젝트의 이행, 안보 및 국방 관련 프로젝트 지원, 파트너국가의 역량 구축을 담당한다. 다음으로 NSPA는 장비와 무기 체계의 모든 단계에서 수명주기를 감독한다. NSPA는 현재 90개 이상의 주요 무기 시스템(헬리콥터, 레이더, 미사일, 장갑차, 공중 감지 시스템 등)을 포괄하는 32개의 다국적 지원 파트너십을 관리하고 있으며, 여기에는 다음과 같은 가시성이 높은 프로젝트가 포함된다. 즉, 동맹 미래 감시 및 통제(AFSC), Multinational Multi-Role Tanker Transport(MRTT)

Fleet(MMF), 동맹 지상 감시(AGS), 정밀 유도 탄약 및 지상 전투 결정 탄약, 육상 전투 차량과 장비, 지상 기반 방공망(GBAD) 그리고 전략적 공수 국제 솔루션(SALIS)이다. 마지막으로 서비스 분야이다. NSPA는 고객이 초과 예비 부품의 교환을 주선하고 일반적으로 보유하는 재고를 관리할 수 있는 나토 Logistics Stock Exchange(NLSE) 또는 전략적 소싱 계약 및 NATO eShopping Centre에 대한 접촉을 제공하는 GPSS(General Procurement Shared Services)와 같은 물류 지원 분야에서 광범위한 제품 및 서비스 포트폴리오를 유지 관리한다.

NSPA는 프랑스 베르사유에서 중부 유럽 파이프라인 시스템(CEPS)을 관리한다. CEPS는 나토의 가장 큰 석유 파이프라인 시스템이다. 헝가리에서는 나토 공수 프로그램(NAMP)이 전략항공능력(SAC: Strategic Airlift Capability) 및 HAW(Heavy Airlift Wing) C-17 항공기를 지원한다. NAMP는 나토, 유럽연합, 유엔 및 다국적 공약을 지원하는 자산을 포함하여 국가 운영에 필요한 공수 자산을 획득, 관리 및 지원한다. 참고로 이러한 역할과 임무를 담당하는 NSPA는 룩셈부르크에 본사를 두고 있으며 프랑스, 헝가리, 이탈리아에 주요 운영 센터가 있고 코소보에 전초 기지가 있다. 이 기관은 약 1,550명의 직원을 고용하고 있으며 전 세계 나토 임무에서 2,500명 이상의 계약자를 감독한다.

북대서양 국방혁신촉진기관(DIANA)

다음으로 북대서양 국방혁신촉진기관(DIANA)이다. 이 기관은 2021년 브뤼셀 나토 정상회의에서 합의된 후 출범했다. 2022년 마드리드 나토 정상회담을 통해 정상들은 DIANA의 헌장을 승인하고 테스트 센터와 가속기 사이트의 초기 발자국을 공개했다. DIANA는 새롭고 파괴적인 기술이 제공하는 기회를 활용하여 집단 방위 및 안보 분야에서 나토의 경쟁력을 강화하기 위해 존재한다. 새로운 역량을 개발하면 재래식 위협과 이러한 기술 자체를 통해 제기되는 위협에 대응하는 동맹의 능력을 도모한다. DIANA의 관심 분야는 인공 지능(AI), 자율성, 양자 기술, 생명공학 및 인간 강화, 극초음속 시스템, 우주, 신소재 및 제조, 에너지 및 추진, 차세대 통신망 등이 있다.

DIANA의 목표는 신흥 및 파괴적 기술(EDT)에 대한 동맹 협력을 촉진하고, 연합군 간 상호운용성을 촉진하며, 민간 부문 및 학계와 협력하여 민간 혁신을 활용하는 것을 목표로 한다. DIANA는 영국 런던에 지사를 두고 있으며 캐나다 핼리팩스에 또 다른 지역 사무소가 있고, 에스토니아 탈린에 지역 허브가 있다. 또한 DIANA는 동맹 전역에 걸쳐 10개 이상의 액셀러레이터 사이트와 90개 이상의 테스트 센터로 구성된 네트워크를 활용한다. DIANA는 초기 단계의 신생 기업부터 성숙한 기업에 이르기까지 선도적인 기업가들과 직접 협력하여 이중 용도의 심층 기술인 획기적인 과학과 공학의 융합을 통해 중요한 문제를 해결하는 혁신 기술을 통해 국방 및 안보의 중요한 문제를 해결코자 한다.

DIANA의 액셀러레이터 사이트는 DIANA 고유의 이중 용도(상업/방위 및 보안) 가속화 커리큘럼을 구현하기 위해 동맹국이 선택한 시설 또는 조직을 기반으로 한다. DIANA의 테스트 센터는 DIANA의 챌린지 프로그램에 선정된 혁신가들이 개발한 기술을 테스트, 평가, 검증 및 검증할 수 있는 실험실 또는 현장 환경 등이다. 액셀러레이터 사이트와 테스트 센터는 유럽과 북미의 기존 대학 및 연구 센터에 기반을 두고 있다. 또한 DIANA는 나토 조직 내에서 그리고 나토 동맹국과 함께 마케팅할 수 있는 경로를 제공한다. DIANA는 선정된 기업과 협력하여 솔루션을 연합군의 군사적 요구에 맞게 조정할 수 있도록 지원할 연합국 군사 및 정부 최종 사용자와 혁신가를 연결한다.

NORTH

ATLANTIC

TREATY

ORGANIZATION

THE

TRUMP

ADMINISTRATION

THE

KOREAN

PENINSULA

P A

PART 2

나토의 변화와 글로벌 질서 경쟁

CHAPTER 6

핵 공유와
나토 핵기획그룹(NPG)

1949년 4월 창설될 당시만 하더라도 나토는 군사력과 군사구조를 갖추지 못한 정치적 동맹이었다. 그러나 냉전이 열전으로 전환된 한국전쟁을 계기로 나토는 군사동맹으로 발전했다. 1950년대 중반 소련의 핵전력이 발전·강화됨에 당시 소련에 대한 미국의 억제 전략이었던 대량보복전략은 신뢰성이 떨어지게 되었다. 이를 계기로 유럽 동맹국은 나토의 대소 억제력 강화를 요구했다. 나토 핵 공유 문제가 본격적으로 분출되는 시점이었다. 여기에서는 핵 공유 문제를 이론적으로 검토하고 나토 핵 공유의 상징인 핵기획그룹(NPG)이 탄생하게 된 배경을 살펴본다.

제2차 세계대전의 와중에 등장한 핵무기는 무기 차원 이상의 국제정치적 함의를 내포하였다. 핵무기는 강대국의 특권을 상징했고, 강대국은 국제정치에서 핵의 정치화를 추구했다. 즉, 지난 냉전체제에서 국제정치의 핵심은 미국과 소련의 강대국 정치로 압축되었다. 핵무기 정치의 본질은 다른 국가들이 넘볼 수 없었던 핵무기의 종류와 수량 그리고 다양한 형태의 운반수단을 개발하고 보유한 것이었다. 미국과 소련은 핵의 정치화를 기반으로 우방국과 동맹국을 관리·통제하면서 핵의 전략적 안정성을 유지하였다.

지난 냉전 시대 공식적 핵보유국들은 또한 거부권을 보유한 유엔 안보리 상임이사국이었다. 공식적 핵보유국들은 1960년대 후반에 들어와 핵무기의 확산금지에 공통의 이해관계를 갖게 되었다. 핵보유국들은 핵확산금지조약(NPT) 체제를 구축하여 비핵국가의 수평적 핵확산 방지를 위해 노력해 왔다. 그러므로 핵보유국이 비핵국가와 핵을 공유하는 일은 일반적 현상이 아니다. 왜냐하면 핵보유국이 비핵국가와 핵을 공유했을 경우 전략적으로 핵 억제도 실패할 수 있고, 핵 공유로 인해 동맹국에 대한 핵보유국의 영향력 축소에 대한 두려움이나 핵 공유에 따른 수평적 핵확산이 발생할 가능성 등이 있기 때문이었다.

핵 공유 개념 정의

일반적으로 한 나라의 핵 능력을 언급할 때, 우리는 단순히 핵탄두만을 말하지 않는다. 즉, 한 나라의 핵무기는 핵무기를 제조할 수 있는 핵기술, 핵연료와 핵시설, 핵무기를 운반할 수 있는 미사일과 폭격기 그리고 잠수함과 같은 운반수단들이 필요하다. 또한 핵무기 운용과 관련하여 핵 군사교리와 관련된 핵전략과 독트린 그리고 지휘·통제 체제 등이 요구된다. 이러한 점을 고려했을 경우 핵보유국이 비핵국가와 핵을 공유한다는 것은 단순히 핵무기에 국한된 문제가 아니라 핵분열물질과 핵탄두는 물론 미사일을 포함한 운반수단 그리고 핵기술과 핵과 관련된 정보 공유와 정책 협조 등과 관련이 있다. 그러므로 핵보유국과 비핵국가 간 핵 공유는 인적·물적 교류와 핵연료와 융합 장치의 직접적 이전 그리고 핵무기 지휘·통제 체제와 운반수단 등을 구성한다.

이러한 점을 고려하여 여기에서는 핵 공유의 개념을 다음과 같이 정의한다. **핵 공유는 핵보유국이 비핵국가의 핵 억제력을 강화하고 비핵국가의 핵 능력 신장에 도움이 되는 유무형의 다양한 안보 자원을 지원하고 제공하는 핵보유국의 전략적 행위이다.** 핵 공유체제는 이러한 핵 공유를 유지·관리하는 제도적 메커니즘이다. 핵 공유체제는 핵 공유의 유형에 따라 다양한 특성을 보이지만 보통 핵 정보 공유, 핵 정책협의, 핵전력의 공동 기획 그리고 공동 실행과 연계되어 있다. 참고로 핵 공유의 가장 전형적인 사례인 나토에서 핵 공유의 의미는 다음과 같다. 나토에서 핵 공유란 미국의 핵무기 자체를 회원국과 공유하는 것이 아니라 핵 억제에 따른 혜택과 책임 그리고 위험부담 등 동맹의 핵 임무와 관련된 제반 의무를 공유하는 것이다.

핵 공유 유형

핵보유국이 비핵국가의 핵 억제력을 강화하고 비핵국가의 핵 능력 신장을 도모하는 핵 공유의 유형은 등급에 따라 크게 3가지로 구분할 수 있다. 첫 번째 유형은 비핵국가의 영토에 핵보유국의 핵무기를 직접 배치하는 기지(basing) 유형이다. 기지형 핵 공유는 핵보유국이 적성국의 핵 위협에 직면한 비핵 동맹국에 제공하는 확장억제 정책의 일환이다. 비핵국가의 영토에 배치된 핵무기 운용과 관련된 모든 관할권은 전적으로 핵보유국이 담당한다. 기지형 핵 공유 유형은 나토의 사례에서 찾아볼 수 있다. 1957년 10월 소련의 스푸트니크 인공위성 발사를 계기로 나토에서는 핵 공유 문제가 본격적으로 등장했고, 그 과정에서 미국은 중·단거리 핵미사일을 유럽 동맹국의 영토에 배치해 나갔다. 이러한 기지형 핵 공유는 냉전이 종식될 때까지 나토 핵 공유의 전형이었다.

기지형 핵 공유의 실효성으로 흔히 적성국의 핵 위협에 대해 핵 대 핵이라는 공포의 핵 균형이 거론된다. 그러나 나토의 역사적 경험은 기지형 핵 공유가 서유럽에 대한 미국의 확장억제의 실효적 대안이 되지 못했음을 보여준다. 오히려 소련의 핵 능력의 변화와 나토의 핵전략 변화에 따라 동맹 딜레마를 유발하는 단초가 되었다. 기지형 핵 공유는 핵확산금지조약의 주요 항목을 위배했다는 비판을 초래하고 적성국의 대항 조치로 전통적인 안보 딜레마의 악순환을 유발할 가능성이 크다. 요컨대, 기지형 핵 공유는 확장억제의 실효성 강화보다는 상대방과의 군비경쟁과 추가적 핵 능력 고도화를 부추기는 촉매제가 될 수 있다.

두 번째 핵 공유 유형은 핵보유국이 핵무기 최종 결정권을 보유한 상태에서 비핵국가에 핵무기를 제공하는 대여(loaning)형이다. 대여형 핵 공유는 핵보유국이 핵탄두를 제공하고 비핵 보유국은 이를 장착하고 운반할 수 있는 운반수단을 제공하는 분업적 핵 공유이다. 하지만 대여형 핵 공유에서도 핵 발사의 최종적 지휘·통제는 핵보유국이 결정권을 갖는다. 대여형 핵 공유는 국내에서 논의되는 나토(NATO)식 핵 공유가 대표적이다. 국내에서 논의되는 나토식 핵 공유는 나토 핵 공유의 일반적인 양상이었다. 지난 냉전 시대 나토의 핵 공유 유형은 1950년대 초반 기지형 핵 공유에서 시작하여 1960년에 들어와서는 대여형으로 전환되었다. 즉, 1957년 북대서양이사회가 공식적으로 나토 핵 공유 문제를 제기한 이후 1960년대에 들어와 나토의 핵 공유 유형은 핵탄두와 운반수단의 분업체제에 기초한 대여형이 주를 이루었다.

세 번째 핵 공유 유형은 핵보유국이 비핵국가의 핵 능력 증강에 초점을 두고 이루어지는 기부(giving)형이다. 기부형 핵 공유는 기지형이나 대여형과 달리 핵보유국이 비핵 보유국의 확장 억제력 강화를 위해 핵탄두를 제공하지 않는다. 즉, 기부형은 적성국의 핵 위협에 대해 직접적이고 물리적 대응 방안보다는 비핵국가의 핵 능력 신장에 초점을 두고 핵탄두가 아닌 다른 핵 구성 요소를 제공한다. 이런 점에서 핵탄두를 제공하는 기지형과 대여형이 경성(hard) 핵 공유 유형이라면 기부형은 적성국의 핵 위협에 간접적으로 대응하면서 비핵국가의 핵 능력 증강을 도모하는 연성(soft) 핵 공유 유형이다. 연성 핵 공유 유형은 주로 핵보유국이 비핵국가에 핵기술이나 핵물질을 제공하거나 핵 운반수단에 대한 직간접적 지원을 통해 비핵국가의 핵 능력 신장을 도모하는 것이다.

기부형과 같은 연성 핵 공유는 적성국의 핵 위협에 대해 가시적이고 즉각적인 핵 억제력을 확보하지 못해 일견 확장억제의 실효적 대안으로 신뢰성이 낮다고 평가할 수 있다. 그러나 중장기적 관점에서 보았을 때, 기부형 핵 공유는 경성 핵 공유와는 달리 적성국의 직접적 도발을 유발하지 않고 또한 핵확산의 국제적 의무를 위반하지 않으면서 비핵국가의 핵 능력을 신장시켜 나갈 수 있다. 과거 이란에 대한 러시아의 핵에너지 지원은 국제원자력기구의 규제를 준수하면서 핵농축 기술 공유를 통해 점진적으로 이란의 핵 능력을 강화해 나가는 연성 핵 공유의 대표적인 사례이다. 가장 최근의 사례로는 미국이 호주에 핵잠수함 기술을 지원·제공한 것이다.

핵 공유 동기와 조건

핵을 보유한 강대국은 다른 핵보유국과 핵의 전략적 안정성을 유지하기 위해 다양한 안전장치를 구축한다. 지난 시대 미국과 소련 사이에 일어났던 핵 군비통제 협상과 조약들이 대표적인 사례이다. 이와 더불어 핵보유국은 우방국이나 동맹국의 핵 개발 유혹을 잠재우고 핵을 보유한 적성국의 위협으로부터 안전을 책임져야 할 정치적·도덕적 의무를 지닌다. 이런 맥락에서 핵보유국과 비핵국가 간 핵 공유가 일어난다.

핵보유국이 비핵국가와 핵을 공유하는 가장 기본적인 동기는 안보적 목적에서 연유한다. 즉, 핵보유국은 적성국의 핵 위협에 직면한 비핵 동맹국의 안보 불안을 해소하여 확장억제의 신뢰성 제고를 위해 다양한 유형의 핵 공유를 추진한다. 다만, 비핵 동맹국과 핵 공유를 추진할 때 핵보유국은 핵 공유가 주변 및 지역 정세에 미치는 함의를 전략적으로 판단한다. 특히 핵 공유에 따른 주변 적성국의 반응을 예의주시한다. 비핵 동맹국과의 경성 핵 공유는 주변 적성국의 위협 인식을 고조시켜 적성국의 군사적 도발 및 보복 공격 가능성을 높이기 때문에 핵보유국은 핵 확전을 우려할 수밖에 없다.

이런 점에서 비핵 동맹국과 이루어지는 경성 핵 공유 유형은 핵보유국, 비핵 동맹국 그리고 주변 적성국 간에 핵 공유를 둘러싸고 핵 안보 딜레마가 발생한다. 핵 공유를 통해 핵 위협을 해소하겠다는 원래의 의도와는 달리 핵 딜레마의 악순환이라는 안보 환경의 불안정을 초래할 수 있다. 지난 냉전 시대 소련의 핵 위협에 직면하여 미국과 나토의 유럽 동맹국은 경성 핵 공유를 추진했다. 그러나 유럽의 7개 동맹국(노르웨이, 덴마크, 포르투갈, 룩셈부르크, 스페인, 아이슬란드, 프랑스)은 핵 안보 딜레마로 인한 안보 환경의 불안정을 우려하여 자국 영토에 미국의 핵무기 배치를 허용하지 않았다.

핵 공유가 일어나는 또 다른 목적은 매우 드문 현상이기는 하지만 핵보유국이 적성국의 세력권에 대한 통제력을 분산·약화할 목적으로 적성국 주변의 비핵국가와 핵무기를 공유하는 경우이다. 이러한 핵 공유의 목적이나 동기는 비핵국가가 직면한 핵 위협을 해소하는 것이 아니라 핵보유국의 안보적 이점을 높이기 위한 대리적 용도이다. 즉, 핵보유국은 공동의 적을 공유하는 비핵국가와 핵 공유를 통해 비핵국가가 적성국의 안보 관심을 받게 함으로써 핵보유국에 대한 적성국의 관심을 분산시키고자 하는 것이다. 대표적으로 1970년대 중국과 파키스탄의 전략적인 연성 핵 공유 사례이다. 중국은 남아시아에서 인도의 세력권 약화를 유발하여 자국에 집중된 안보 관심을 분산시키기 위해 파키스탄의 핵무기 개발을 지원하였다.

핵보유국이 비핵국가와 경성이나 연성의 핵 공유를 추진하기 위해서는 그것이 안보적 목적이든 적성국의 전략적 초점 분산의 대리적 목적이든 간에 다음과 같은 조건이 충족되어야 비핵국가와 핵 공유를 추진할 수 있다. 먼저, 핵보유국은 비핵 동맹국과 핵 공유를 추진할 때 자신에 대한 비핵 동맹국의 핵 안보 의존을 극대화하고자 한다. 오늘의 동맹이 내일의 적이 될 수 있다는 전략적 심리를 반영하여 핵보유국은 핵 공유를 하더라도 비핵 동맹국의 핵 능력 자율성을 제한하고 자신에 대한 핵 안보 의존도의 극대화를 추구하고자 한다. 지난 시대 미국이 유럽이나 아시아 비핵 동맹국과 경성 핵 공유를 하더라도 핵 운용과 핵 사용의 최종 결정권을 양보하지 않는 이유도 여기에 있는 것이다. 참고로 미국은 동맹 및 핵 공유의 유형과 상관없이 핵 사용의 최종 결정권자는 미국의 대통령이고 이는 미국의 국내법 문제라는 점을 한결

같이 주장한다.

　　　다음으로 비핵 동맹국과 다양한 유형의 핵 공유가 발생해도 핵보유국의 세력권은 계속 유지되어야 한다. 즉, 핵보유국은 비핵 동맹국과 핵 공유가 발생한 이후에도 비핵 동맹국에 대한 통제력과 지역적 세력권의 유지가 보장되는 한에서 핵 공유를 추진한다. 핵보유국은 중대한 위협에 직면하지 않는 이상 지역적 세력권에 있는 국가와 핵 공유를 모색하지 않는다. 요컨대, 핵보유국은 자신의 지역적 세력권이 유지되고 자신에 대한 비핵 동맹국의 법적·제도적 의존이 가능한 조건에서만 핵 공유를 도모한다. 이러한 경우에 핵 공유가 발생하더라도 핵보유국은 핵 공유 목록에서 비핵 동맹국이 전략 자산의 핵 능력(융합 핵탄두, ICBM, SLBM 등)을 갖출 수 있는 유무형의 안보 자원을 제공 혹은 지원하기를 꺼린다. 이러한 핵 공유의 조건 등을 고려했을 경우, 결과적으로 지정학적 상황과 비핵 동맹국의 자발적 핵 안보 의존에 대한 거부감 등으로 핵보유국과 비핵국가 사이에 일어나는 다양한 유형의 핵 공유는 매우 일어나기 힘든 안보협력이다.

핵 공유 논쟁과 핵기획그룹의 탄생

　　　나토에서 핵무기에 대한 언급은 첫 번째 전략개념 때

부터 등장했다. 1949년 12월에 나온 나토의 첫 번째 전략개념은 유사시 나토의 대응력으로 전략적 폭격에 의한 핵무기 사용을 언급하고 있었다. 이는 당시 나토의 재래식전력이 소련 및 동유럽 위성국가들의 재래식전력보다 상당히 열세에 있다는 인식을 반영한 것이었다. 그러나 핵무기 사용을 위한 구체적이고 세부적인 전략지침은 부재했다.

1950년대 초반부터 미국의 전술핵무기가 유럽 영토에 배치되는 가운데 1954년 9월을 전후로 미국과 유럽 동맹국 간에 개별적으로 핵 공유 문제가 논의되기 시작했다. 당시 미국은 핵무기를 소련의 우세한 재래식전력을 상쇄할 유일한 군사적 수단으로 인식했다. 이때까지만 해도 나토에서 핵 공유 쟁점은 크게 문제가 되지 않았다. 다만, 핵무기의 저장과 관리 그리고 발사 권한 문제가 논쟁이 되었다. 그러나 1957년 10월 소련의 스푸트니크(Sputnik) 인공위성의 발사를 계기로 나토의 핵 공유 문제가 본격적으로 동맹의 뜨거운 쟁점으로 떠올랐다.

1957년 12월 최초의 나토 정상회담이 파리에서 열렸다. 파리 정상회담에서 회원국들은 처음으로 공식적인 나토 핵 공유체제에 동의했다. 즉, 필요할 경우 유럽연합군 최고사령관(SACEUR)이 중거리탄도미사일을 재량껏 사용할 수 있도록 결정했다. 이 당시 나토의 핵 공유체제는 미국과 핵 수

용국 간 쌍무적 협정에 기반하였다. 파리 정상회담 이후 나토 핵 공유 쟁점이 본격화되면서 핵 공유와 관련된 주요 쟁점은 정책협의와 책임 문제 그리고 비용 분담 문제였다. 이러한 쟁점들에 대한 논의는 1960년 12월 16일 미국이 공표한 나토 다국적군(MLF) 제안으로 구체적으로 나타나게 되었다. 그러나 우여곡절 끝에 다국적군 제안이 실패로 돌아감에 따라 나토 핵 공유 문제는 일련의 논의를 거쳐 1966년 12월 나토의 핵기획그룹(NPG)으로 제도화되었다.

1965년 11월 27일 첫 모임을 가진 맥나마라의 특별위원회를 계기로 1966년 12월 방위기획위원회에 의해서 탄생한 핵기획그룹은 1967년 4월 워싱턴에서 첫 회담을 열었다. 나토의 핵 정책을 검토, 구상하고 주요 핵 문제들을 협의하는 핵기획그룹은 장관급 수준에서 일 년에 두 번 열리지만, 핵기획그룹의 상임 대표자그룹이나 참모그룹에서도 회의가 열린다. 핵기획그룹의 운영 방식은 다른 나토 위원회와 다른 특성이 있다. 미국은 이 그룹을 가능한 한 소규모로 유지코자 하였고 회담 장소도 외진 곳에서 열렸다. 또한 이 그룹에서 행한 연구들은 나토 회원국의 참모진이 아니라 각 회원국 출신의 특별 전문가 집단에서 이루어졌다는 점이다. 특히, 1977년 나토 고위그룹이 창설된 이후 핵기획그룹을 위한 거의 모든 실무 작업은 고위그룹에서 이루어졌다. 따라서 고위

그룹은 핵무기에 관한 나토의 핵심 연구기관이자 핵 작업실로 인식되었다. 지난 냉전 시대 나토의 핵 정책과 관련된 주요 핵심 조직은 방위기획위원회의 핵기획그룹, 핵기획그룹의 지시를 받는 고위그룹 그리고 북대서양이사회의 지시를 받으면서 주로 핵 군비통제 정책에 초점을 둔 특별그룹이 작동하였다.

나토의 핵 공유 유형은 초창기부터 경성 핵 공유였다. 다만 초창기 배치형에서 나토 다국적군 제안이 좌초된 것을 계기로 나토의 핵 공유는 대여형으로 변화했다. 또 하나 중요한 사실은 나토의 핵 공유에서 처음부터 오늘에 이르기까지 불변의 사실은 핵 공유의 유형과 상관없이 핵 사용의 최종 결정권자는 미국의 대통령이었고, 이 문제는 미국과 유럽 동맹국 간 협상 대상이 될 수 없는 미 국내의 법적 문제로 여겨졌다. 참고로 2025년 7월 현재 미국은 벨기에, 독일, 이탈리아, 네덜란드, 튀르키예와 나토 핵 공유와 전진 배치 핵 협정을 맺고 있으며, 나토 핵 억제력은 이들 국가의 6개 기지에 저장된 약 100개의 미국 B61 중력 폭탄으로 구성되어 있다.

CHAPTER 7

지역동맹에서
글로벌 동맹으로의 진화

◦ 1949년 4월 나토 탄생의 법적 토대가 되는 북대서양조약은 원래 정치적 목적을 통해 유럽의 재건을 책임지는 것이었다. 따라서 조약의 군사적 성격은 정치적 목적을 달성하기 위한 수단이었다. 조약에서 가시적인 군사 조직을 구축할 어떠한 조짐도 보이지 않았다. 나토의 애초 구조도 군사 조직이 없는 다소 느슨한 정치적 협의체의 모습을 보였다. 나토는 우리가 알고 있는 오늘날의 모습과는 달리 군사구조를 갖추지 못한 정치적 동맹으로 출범하였다.

정치적 동맹으로 출발한 나토는 크고 작은 변화를 겪으면서 오늘날 근대 역사에서 가장 성공적이고 가장 많은 회원국을 보유한 다자적 정치·안보 제도이자 거대한 군사동맹으로 발전하였다. 동맹의 정체성과 성격 그리고 전략적 활동 영역의 관점에서 보았을 때, 나토는 탄생 이래 오늘에 이르기까지 크게 세 차례에 걸친 역사적 분수령을 넘어섰다. 첫 번째 분수령은 1950년 한국전쟁을 계기로 나타난 나토의 군사화와 핵 동맹으로의 변화였다. 두 번째 분수령은 2001년 9·11 테러를 계기로 나토가 회원국의 영토방위보다는 광범위한 글로벌 안보 문제를 다루는 정치·안보 플랫폼으로 변화한 것이다. 세 번째 분수령은 2022년 마드리드 정상회담을 계기로 나토는 유럽이라는 지역동맹을 넘어 명실공히 글로벌 동맹으로 진화했다.

한국전쟁과 나토의 군사화

정치적 동맹으로 출범한 나토가 군사동맹으로 발전하고 나아가 핵 동맹으로 변신하게 된 시발점은 다름 아닌 한국전쟁이었다. 한국전쟁은 나토의 군사 제도화를 강하게 추동했다. 1950년 9월 뉴욕에서 열린 북대서양이사회를 통해 통합적 군사 지휘 구조의 필요성을 절감한 나토는 1951년 4월 유럽연합군사령부(ACE) 창설을 필두로 연이은 군사 조직을 수립했다. 1952년 2월 리스본 회담을 통해 나토는 명실공히 정치구조와 군사구조를 갖추어 나갔다.

한국전쟁을 계기로 가속화된 나토의 군사적 제도화는 군사동맹의 성격과 조직 강화 그리고 그리스와 터키, 서독의 재무장을 통한 나토 가입을 촉발하였다. 군사동맹으로 변신한 나토의 발전은 역으로 소련의 군사력 강화를 초래하였다. 소련은 1953년 수소폭탄을 실험했고 서독의 재무장에 따른 나토 가입에 대응하기 위해 1955년 5월 중·동유럽 7개국을 포함한 바르샤바조약기구(WTO)를 창설했다. 이어 소련은 1957년 8월 처음으로 대륙간탄도미사일을 시험하고 10월 스푸트니크 인공위성을 발사했다.

한국전쟁을 계기로 촉발된 나토의 군사화와 뒤이은 소련의 군사력 강화는 당시 미국의 소련 억제 전략이었던 대량보복전략의 군사적 신뢰성 약화를 초래하였다. 나토는 억제력의 신뢰성과 효용성을 둘러싸고 미국과 유럽 동맹국 간 핵무기 논쟁을 일으켰다. 이러한 상황에서 1957년 12월 파리에서 열린 제1차 정상회담에서 나토는 핵 공유 문제를 처음으로 공식화했다. 이를 계기로 미국과 유럽 동맹국 간에 전개된 핵무기 논쟁은 1966년 12월 나토에서 핵 공유를 제도화한 핵기획그룹(NPG) 창설로 일단락되었다. 나토는 이제 명실공히 핵 동맹으로 거듭나게 되었다.

냉전 종식과 안보 플랫폼으로의 변화

독일 통일과 소연방의 붕괴로 상징되는 냉전체제의 와해를 배경으로 나토는 중·동유럽으로 확대를 추진했다. 나토는 원만한 확대 추진을 위해 확대 대상국과의 협력안보와 주변국의 안정을 위한 위기관리를 중시하게 되었다. 이를 계기로 나토의 핵심 임무는 영토방위와 협력안보 그리고 위기관리가 되었다. 이러한 나토의 변화 과정에서 동맹의 정치적 기능이 강화되었다. 2001년 9·11 테러는 냉전 시대 군사동맹으로 발전한 나토를 정치·안보 플랫폼으로 변화시키는 결정적 계기가 되었다. 9·11 테러를 계기로 나토는 전통적인 집단 방위보다는 테러리즘과 대량살상무기 확산 등 나토 역외 문제이자 지구적 안보 문제에 더 큰 비중을 두게 되었다.

이에 따라 나토의 전통적인 군사력은 떨어지고 군사적 활동은 영토방위보다는 탈영토적인 지구적 안보 위협에 초점을 두게 되었다. 나토의 역할과 관련하여 미국의 역할을 중시하는 대서양주의자와 유럽의 자율성을 중시하는 유럽주의자는 지구적이라는 의미를 서로 달리 해석하였다. 대서양주의자는 나토는 유럽 지역을 넘어 글로벌 지역에서 활동해야 한다는 의미로 해석하여 사실상 나토를 글로벌 동맹으로 발전시켜야 한다고 주장했다. 반면, 유럽주의자는 나토는 대서양동맹으로 남아 있으면서 지구적 위협에 맞서야 한다고 주장했다. 결과적으로 나토의 정체성은 글로벌 파트너와 같이 하는 대서양동맹으로 정리되었다. 나토의 안보 위협에서 집단 방위보다는 지구적 차원의 안보 쟁점이 중시됨에 따라 나토의 정치·안보 플랫폼의 성격이 강화되었다.

마드리드 정상회담과 글로벌 동맹으로의 진화

우크라이나 전쟁 와중에 개최된 2022년 6월 마드리드 나토 정상회담은 나토 변화의 세 번째 역사적 분수령이 되었다. 마드리드 정상회담에서 새로운 전략개념을 채택한 나토는 러시아를 나토의 중대하고 직접적인 위협자로, 중국을 서방의 가치를 위협하는 글로벌 차원의 체제적 도전자로 규정했다. 나토는 역사상 처음으로 인도 태평양 지역을 언급했다. 특히, 2022년 전략개념을 통해 나토는 유럽 대서양 지역과 인도 태평양 지역의 지리적 연결과 지정학 안보의 상호 의존성을 중시하는 가운데 인도 태평양 지역에 있는 한국, 일본, 호주, 뉴질랜드와 나토+IP4라는 이름으로 안보협력 강화를 추진하였다.

2022년 마드리드 정상회담을 전후로 미국 주도의 서방 세계와 중국 중심의 권위주의 세력 간 새로운 국제질서 모색을 위한 글로벌 질서 경쟁의 막이 오름에 따라 인도 태평양 지역이 글로벌 질서 경쟁의 핵심 각축장이 되었다. 이 지역에 대한 나토의 관심과 관여는 계속 커지고 있다. 지구적 파트너와 같이하는 대서양동맹이라는 나토는 사실상 글로벌 동맹 성격으로 진화했다. 현재 시점에서 글로벌 동맹으로서 나토의 모습은 나토 회원국으로서의 미국과 인도 태평양 지역에 있는 미국의 동맹국 간 안보적으로 연결된 형상이지만, 명실공히 글로벌 동맹으로 탈바꿈할 여지는 존재한다. 비록 유럽 국가로 한정된 회원국 자격의 지리적 한계가 있지만, 글로벌 동맹으로서 나토의 모습은 글로벌 질서 경쟁의 추이와 특히 중러의 대응 강도에 따라 변화의 여지가 충분하다.

NORTH

ATLANTIC

TREATY

ORGANIZATION

THE

TRUMP

ADMINISTRATION

THE

KOREAN

PENINSULA

CHAPTER 8

강대국 지정학 정치와 우크라이나 전쟁

2022년 2월 24일 러시아는 우크라이나를 침공(이하 우크라이나 전쟁)했다. 우크라이나 전쟁은 어느 날 갑자기 일어난 사건이 아니다. 우크라이나 전쟁이 발생하게 된 배경이나 근원은 오래되었다. 미국을 비롯하여 서방과 중·동유럽 국가들은 푸틴이 우크라이나를 선택한 것은 과거의 소연방을 재건하거나 최소한 러시아의 접경 지역에 새로운 영향권을 구축하고자 하는 의도가 있다고 해석한다. 2021년 12월 전쟁 직전 러시아가 미국과 나토에 보낸 러시아의 안전보장을 요구하는 협상안을 보더라도 이러한 해석은 상당한 설득력을 보여준다. 푸틴의 러시아는 냉전 종식 이후 진행되어 온 중·동유럽 지역으로의 나토 확대를 막고, 그 지역에 새롭게 배치된 나토의 군사력 철수를 요구하고 있다.

푸틴의 러시아는 우크라이나 전쟁의 중요한 원인으로 중·동유럽 지역을 중심으로 전개된 미국 주도의 나토와 러시아의 지정학 게임으로 인식하고 있다. 푸틴은 나토의 확대 정책으로 러시아의 안보적 이해관계가 위협을 받는 국면에 직면해 있다고 생각한다. 푸틴은 우크라이나 전쟁을 통해 기울어진 유럽의 안보 지형을 새롭게 구축하고 과거 화려했던 러시아의 영광을 재현하겠다는 실현 불가능한 전략적 의도를 숨기지 않고 있다. 우크라이나 전쟁을 계기로 유럽의 안보 무대에 지정학을 중시하는 강대국 정치가 소환되었다. 바야흐로 유럽 지역을 중심으로 미국과 러시아의 양보할 수 없는 지정학 게임이 본격적으로 펼쳐지게 되었다. 여기에서는 우크라이나 전쟁의 주요 배경이나 원인으로 냉전 종식 이후 중·동유럽으로의 나토 확대와 그 과정에서 표출된 미국과 러시아의 지정학적 충돌을 지목한다.

나토 확대, 미국의 대전략

냉전 종식 이후 중·동유럽으로의 나토 확대는 미국이 구상하는 유럽의 안보 지도와 불가분의 관계에 있었다. 나토의 탄생 배경이 되었던 소연방과 바르샤바조약기구의 해체 등 냉전 종식으로 유럽의 안보 지형이 근본적으로 변화되었다. 미국의 정책결정자들은 소연방의 해체로 유럽에서 미군의 철수나 나토의 해체를 고려하지 않고 냉전 종식을 기회로 유럽에서 미국의 패권을 유지하고 나토를 존속시키는 방안을 모색하였다. 미국은 통일 독일이 독자적이고 자율적인 외교 혹은 안보 정책을 추구하는 걸 허용할 의도가 없었다. 미국은 독일 통일의 조건으로 통일 독일은 나토에 남아 있어야 한다는 점을 명확히 했다. 나토는 지난 냉전 당시와 유사하게 통일 독일을 관리, 러시아의 강대국 부상 방지, 유럽에서 지리적·이데올로기적 영역을 확장하는 미국의 목표에 핵심적인 수단이 되었다. 냉전 종식 이후 미국은 유럽에 대한 대전략의 핵심적 부분으로 나토 확대를 추진했다.

이런 측면에서 나토 확대는 지리적 영역 확대에 따른 민주주의적 가치의 확산과 나토의 군사적 임무의 확장을 도모한 이중 확대(double enlargement)를 겨냥한 것이었다. 즉, 나토는 확대를 통해 중·동유럽 국가들을 민주주의 체제로 변화시키는 이데올로기적 확대뿐만 아니라 나토의 역외 활동을 강조하는 군사적 임무 확대도 도모하였다. 확대를 계기로 나토의 군사적 임무는 전통적인 회원국 방위 임무뿐만 아니라 유럽 이외의 역외 지역으로부터의 도전을 극복하는 비전통적 임무를 수행하게 되었다. 지리적 확장에 따른 민주주의 가치 확산과 군사적 임무에서의 기능적 확대라는 나토의 이중 확대는 미국의 유럽 안보정책과 관련하여 다음과 같은 의미를 내포하였다. 무엇보다도 미국은 21세기 새로운 유럽의 안보 지형에서 영향력 및 유럽의 안보 환경에 대한 통제력을 확대해 나가는 것이다. 미국은 나토 확대를 통해 통일된 독일, 통일된 유럽연합 그리고 부활 가능성이 있는 러시아를 포함하여 경쟁적인 강대국의 출현을 방지함으로써 유럽에 대한 미국의 영향력을 유지하고자 하였다.

나토 확대에 대한 미국의 전략적 의도를 고려했을 경우, 나토 확대에 따른 미국과 러시아 혹은 나토와 러시아 간 지정학적 갈등과 충돌은 이미 예견된 일이라 볼 수 있다. 미국의 주요 정책결정자들과 전문가들도 예전부터 나토의 확대 정책이 러시아의 반발과 갈등을 일으킬 것이라고 예견하고 이를 경고하였다. 예를 들면 지난 냉전 시대 대소 봉쇄정책을 기획한 조지 케난은 1998년 5월 뉴욕타임스(The New York Times)와의 인터뷰에서 나토 확대가 새로운 냉전의 시작이 될 것이라는 입장을 피력했다. 러시아는 점진적으로 적대적 태도를 취할 것이며, 이는 그들의 정책에도 영향을 미칠 것이고, 나토 확대는 비극적 실수이자 나토를 확대할 어떤 이유도 없다. 또한 우크라이나와 조지아의 나토 가입이 논의되던 2008년 당시 모스크바 주재 미국 대사였던 윌리엄 번스는 우크라이나와 조지아의 나토 가입은 러시아의 모든 신경을 자극하고 있다고 언급했다. 러시아는 나토 확대로 서방에 포위되고 나아가 주변 지역에 대한 영향력이 잠식당하고 있다고 느낄 뿐만 아니라 그 결과를 예측할 수 없고 통제할 수도 없는 사태 전개에 따라 러시아의 안보 이익 자체가 심각하게 손상될 수 있다.

나토 역시 러시아의 예상된 반발을 고려하여 확대를 위한 시간적 여유와 러시아의 반발을 완화할 수 있는 전략을 고안했다. 즉, 나토는 미국의 지도력으로 평화를 위한 동반자 관계(Partnership for Peace)를 구상했다. 이는 러시아를 포함하여 나토와 협력하는 중·동유럽 국가들에 문호를 개방하고 이들에게 북대서양조약 제5조(집단 방위)의 내용만 제외하고는 나토의 모든 군사 활동에의 참여를 개방하는 것이었다. 이러한 분위기에서 러시아는 원칙적으로 나토 확대를 반대하는 가운데 비세그라드 국가들의 나토 가입을 마지못해 수용하고 1997년 5월 나토와 「나토-러시아 기본 협정(NATO-Russia Founding Act)」을 체결하였다. 1997년 5월 27일 나토는 러시아와 상호 관계, 협력, 안보에 관한 기본 협정을 체결하고 확대를 통해 러시아의 안보적 이해관계가 위협받는 군사적 상황은 없을 것이라는 점을 강조하였다. 나토는 중·동유럽의 새로운 나토 회원국의 영토에 상주하는 상당 규모의 전투력이나 핵무기를 배치할 의도, 계획 그리고 이유도 없다는 점을 러시아에 약속하였다.

당시 우크라이나 문제는 상대적으로 나토-러시아 관계가 그렇게 나쁘지 않았던 1994년 12월 부다페스트 양해각서(Budapest Memorandum)를 통해 해결되었다. 이 양해각서를 통해 미국, 러시아, 영국은 우크라이나 핵무기를 러시아에 반환하고 대신 우크라이나의 주권과 독립, 현재의 영토를 존중하며 우크라이나에 대한 무력 사용이나 위협 금지를 약속하였다. 또한 1997년 7월 마드리드 나토 정상회담 시점에 러시아는 우크라이나의 나토 가입에 대한 어떠한 구상에도 반대한다는 점을 명확히 했다. 우크라이나 정부와 나토 회원국들도 러시아의 입장을 만장일치로 받아들였다. 그러나 폴란드, 헝가리, 체코와 같은 중유럽 국가와는 달리 우크라이나의 지정학적 가치는 나토와 우크라이나의 안보협력을 추동하는 강한 유인으로 작용했다. 우크라이나는 「나토-우크라이나 위원회(NUC)」를 통해 영토적 통합, 정치적 독립과 안보가 위협당할 때마다 나토와 협의할 수 있는 위기 협의 채널을 구축하였다.

미국과 러시아 간 지정학 충돌

확대 문제를 둘러싸고 나토와 러시아 간 갈등이 누적되는 상황에서 미국과 러시아 간 지정학적 충돌 양상이 잦아졌다. 예를 들면, 2002년 6월 미국은 1972년 소련과 합의한 대탄도미사일(ABM) 조약을 일방적으로 파기하여 유럽에서의 미사일방어체제 구축을 위한 발판을 마련했다. 2002년 11월 나토는 프라하 정상회담에 러시아와 국경을 접하고 있는 발트 3국 이외에 중·동유럽 4개국을 초청하여 러시아의 안보적 우려감을 자극하였다. 나아가 2007년 1월 부시 행정부는 유럽 미사일 방어 체제를 공식화하고 폴란드와 체코에 대탄도미사일과 레이더 시스템 구축 계획을 추진코자 했다. 러시아의 반발과 일부 나토 회원국의 반대로 이 계획은 무산되었다. 2009년 9월 오바마 행정부는 부시 행정부의 제한적 미사일 방어 프로그램 대신 나토 회원국 전체를 포괄하는 미사일 방어 프로그램으로 유럽에서의 단계적 적응적 접근방법을 공표하였다.

  냉전 종식 이후 자국의 입장을 고려하지 않고 추진되는 나토 확대와 미국의 미사일방어체제에 대해 러시아는 이를 국가적 치욕으로 인식하였다. 2007년 2월에 개최된 뮌헨 안보 회의에서 푸틴은 소연방의 붕괴는 20세기 최대의 지정학적 재앙이라는 견해를 피력하고 미국 일극 체제에 대한 도전과 나토 확대를 신랄하게 비난하였다. 미국이 지배하는 일극 체제는 권력과 힘, 의사결정의 중심이 하나고 미국의 군사행동으로 군비경쟁이 촉진되고 핵무기를 보유하고자 하는 생각이 들게 한다. 나토 확대는 동맹 현대화나 유럽 안보와는 아무 관계가 없으며 상호 신뢰를 잠식하는 심각한 요인이다.

이를 계기로 미국과 러시아 그리고 나토와 러시아 관계는 갈등 양상으로 전환되면서 향후 중국과 러시아의 전략적 제휴 관계가 구축될 수 있는 배경으로 작용했다.

확대 정상회담으로 불린 2008년 4월 부쿠레슈티 나토 정상회담은 우크라이나 문제의 나토 가입이 공개되면서 미국과 러시아의 지정학적 충돌이 본격화되는 변곡점으로 작용하였다. 우크라이나와 조지아의 나토 가입 문제가 공식화되자 러시아는 이들과 직간접적으로 충돌했다. 당시 나토 성명을 회원 가입으로 잘못 해석한 조지아의 사카슈빌리 대통령이 친러 남오세티야와 군사 충돌을 벌이자, 이를 계기로 2008년 8월 러시아와 조지아는 군사적 충돌을 벌였다. 또한 2014년 3월 우크라이나의 크림반도를 병합한 이후 러시아는 우크라이나 친러 세력의 돈바스 분리독립 세력을 지원하면서 우크라이나의 나토 가입(저지) 문제에 깊숙이 관여하였다.

러시아는 우크라이나의 나토 가입을 결코 받아들일 수 없는 나토 확대의 한계점(red line)으로 인식한다. 2021년 12월 러시아는 미국과 나토에 나토 확대에 따른 러시아의 안전을 보장할 수 있는 몇 가지 방안을 제시했었다. 러시아는 우크라이나의 나토 가입 금지를 포함하는 나토의 확대 정책 중단과 러시아와 국경을 접하고 있는 신규 회원국 영토에 배치된 나토 군사력(미국의 중·단거리 미사일) 철수 그리고 우크라이나와 동유럽, 코카서스, 중앙아시아에서 나토의 모든 군사 활동을 전면 금지하는 것을 미국과 나토에 요구하였다. 이러한 러시아의 안전보장 요구 사항은 미국과 나토가 결코 받아들일 수 없는 일방적 통첩이었다. 결국 미국과 러시아 간 지정학적 충돌은 2022년 2월 러시아의 우크라이나 침공으로 표출되었다.

CHAPTER 9

**정상회담의 정례화와
2025년 헤이그 정상회담**

　　　　　　　　ｏ　국가이익을 달성하기 위한 종합적인 대외정책의 수단으로서 외교는 고전적인 정책 수단이자 이해충돌을 비폭력적으로 해결할 수 있는 최적의 수단이다. 근대 외교의 발전 과정에서 가장 중요하고 유의미한 변화 중의 하나는 국가원수나 정부 수반들(the Heads of State and Government)의 공식적 만남이라 할 수 있는 정상외교(Summit Diplomacy)의 활성화와 정례화 현상을 들 수 있다.

　　　　　이런 측면은 오늘날 다자주의 제도로 발전한 나토에서도 목격할 수 있다. 탄생 당시 나토는 다자적 군사동맹이었다. 그러나 나토는 다른 동맹에서는 쉽게 찾아볼 수 없는 정치적 협의라는 정책 결정 과정을 통해 변화하는 국제정세에 적극 대응하면서 군사동맹 이상의 안보 제도로 발전해 왔다. 그 과정에서 중요한 역할을 담당해 온 것이 바로 정상회담이었다. 정치적 협의의 기폭제 역할을 담당해 온 나토 정상회담은 시기에 따라 개최 빈도나 그 성격이 변해 왔다. 지난 냉전 시기 나토 정상회담은 상대적으로 드물게 개최되었고, 또한 협의의 주제도 포괄적이라기보다는 군사 안보적 측면에 집중되는 양상을 보였다. 이는 기본적으로 냉전이라는 국제정치의 특수한 상황에 따른 것으로 해석된다. 그러나 냉전 종식을 계기로 나토 정상회담은 부쩍 증가하는 양상을 보이면서 정치적 협의의 주된 내용들도 군사 안보적 성격보다는 정치·경제·안보 등 광범위하고 포괄적인 성격이 두드러졌다.

정치적 협의와 나토 정상회담의 발전

"회원국 중 어느 일국의 영토적 통합, 정치적 독립이나 안보가 위협을 당할 때마다 회원국들은 공동으로 협의할 것"이라는 북대서양조약 제4조에 토대를 두고 이루어지는 나토의 정치적 협의는 1949년 9월 북대서양이사회의 첫 회담으로 시작되었다. 이후 나토의 정치적 협의는 모든 수준에 거친 나토 정치조직에서 이루어졌다. 즉, 회원국 외교부·국방부 장관이 참석하는 북대서양이사회, 일상적으로 일주일에 적어도 한차례 이상 개최되는 나토 대사 수준과 특별한 기반에 근거한 정상회담 등에서 진행된다.

지난 냉전 시대 나토에서 정치적 협의의 발전은 핵무기와 관련이 깊었다. 1950년대 초반 미국의 핵무기가 처음으로 서유럽 영토에 배치된 이래로 서유럽 국가들의 가장 첨예한 관심 영역은 나토에서 핵무기 사용을 위한 전략기획과 핵무기의 사용 결정 그리고 핵무기의 사용 방법과 관련된 정책 결정에서 더 큰 발언권을 얻어내는 것이었다. 이와 관련된 일련의 논의들이 나토에서 정치적 협의의 발전을 가져왔다. 나토에서 정치적 협의의 본질은 클리브란드(Harland Cleveland)가 협의의 독트린이라고 말한 일련의 보고서나 선언문을 통해 형성·발전해 왔다. 이러한 보고서나 선언문들이 회원국에 강제성을 부여하거나 어떠한 유형의 결정이 협의를 필요로 하는지 제시하지는 않는다. 이러한 한계에도 불구하고 나토는 정치조직을 통해서 다양한 주제와 쟁점들에 관한 협의의 습관을 길러왔다. 따라서 나토의 발전사는 정치적 협의의 발전사라고 볼 수 있고, 실제로 그것은 나토 정치조직의 발전을 가져왔다.

나토 정상회담 개최 조건이나 시기

정치적 협의라는 측면에서 보았을 때, 나토 정상회담은 특별한 포럼에서 열리는 일상적인 회담으로 간주해도 무방할 것이다. 물론, 동맹이 직면한 특별히 중요한 쟁점(particularly important issues)에 대해 입장을 개진할 때마다 나토 정상회담은 개최될 수 있다. 그러나 특별히 중요한 쟁점에 대한 범위와 견해에 대해서는 다양한 입장이 존재한다. 나토 정상회담의 필요성은 전체로서 동맹의 중요한 쟁점에 대한 고려가 선행되어야만 하는 것은 아니다. 일례로, 최초의 나토 정상회담은 1957년 12월 파리에서 개최되었다. 그러나 동맹 창설 이후 첫 정상회담이 열리기까지 나토 발전 과정에서는 중요한 변화들이 일어났다. 동맹의 전략개념이 바뀌었고, 1950년 한국전쟁이 일어났으며, 그 여파로 나토의 군사화가 진행됨과 더불어 회원국 확대도 진행되었다. 1955년에는 나토의 대항 동맹인 바르샤바조약기구(WTO)가 창설되는 등 정상회담이 필요한 주요한 변화 등이 진행되었다. 마찬가지로 1960년대와 70년대 초반에 이르기까지 나토 안팎으로 많은 변화가 있었지만, 나토 정상회담은 한 번도 개최되지 않았다.

1949년 동맹 탄생 이후 개최된 나토의 공식적 정상회담에서 지난 40년간 냉전 시대에는 정상회담이 총 10차례밖에 열리지 않았다. 그러나 냉전 이후 나토 정상회담은 2025년 헤이그 정상회담에 이르기까지 무려 냉전 시대의 2배 이상인 25차례나 개최되었다. 나토의 공식 기록에 따르면 동생 탄생 이후 2025년 6월 네덜란드 헤이그 정상회담에 이르기까지 공식적인 정상회담은 총 35차례 개최되었다. 여기에는 러시아가 우크라이나를 침공한 직후 2월 25일에 개최된 한 차례의 특별 화상회의도 포함된다. 북대서양조약 어디에도 정상회담 개최 조건이나 시기에 관한 규정은 없다. 정상회담은 북대서양이사회의 상임 대표자 회의나 각료회의의 결정에 따라 특별히 중요한 쟁점을 협의할 때 열린다. 물론, 특별히 중요한 쟁점에 대한 합의가 있는 게 아니고 또한 이것이 있어야만 정상회담이 열리는 것도 아니다.

2022년 마드리드 정상회담 계기, 나토 정상회담의 정례화

우크라이나 전쟁 와중에 개최된 2022년 6월 스페인 마드리드 정상회담 이전까지 기본적으로 나토 정상회담은 불규칙적으로 개최되었다. 그러나 2022년 마드리드 정상회담을 계기로 나토 정상회담은 1년마다 개최되는 정례화 양상을 보인다. 즉, 나토 정상회담은 2021년 6월 브뤼셀 정상회담부터 2025년 6월 헤이그 정상회담에 이르기까지 매년 열리는 연례행사로 자리를 잡아가고 있다. 2026년에도 7월 튀르키예의 앙카라에서 정상회담이 개최될 예정이다.

이처럼 나토 정상회담의 정례화와 더불어 눈여겨볼 정상회담으로는 2024년의 워싱턴 정상회담과 2025년의 헤이그 정상회담이다. 이 두 정상회담은 나토를 이끄는 미국의 정권교체기에 일어난 정상회담이다. 이 두 정상회담은 동맹을 바라보는 민주당의 바이든 행정부와 공화당의 트럼프 행정부에 있었던 마지막이자 첫 번째 나토 정상회담으로 적어도 두 가지 측면에서 변화의 분기점을 이루고 있다.

무엇보다도 먼저, 2024년의 워싱턴 정상회담은 중러 권위주의 세력과의 글로벌 질서 경쟁 구도에서 나토를 자유민주주의 진영의 가장 강력하면서도 중심적인 전략 수단으로 만들고자 한 마지막 정상회담이었다. 반면, 2025년의 헤이그 정상회담은 동맹 우선과 동맹 강화보다는 미국 우선주의의 중시로 동맹 갈등과 분열 그리고 동맹의 이완을 촉발하는 시발점이 되었다는 점이다. 두 번째로는 2024년과 2025년 나토 정상회담은 핵심 의제의 변화를 보이는 분기점이라는 점이다. 나토 정상회담의 정례화 원년이라 할 수 있는 2022년 정상회담부터 정상회담의 핵심 의제는 중국과 러시아 등 권위주의 세력에 대한 억제와 우크라이나 안전보장 문제였다. 그러나 2025년 정상회담의 핵심 의제는 동맹의 방위비 분담 문제로 치환되었다. 나토 정상회담의 핵심 의제의 변화는 바이든 행정부와 트럼프 행정부의 나토를 바라보는 근본적 인식 차이를 여지없이 보여줄 뿐만 아니라 글로벌 정세 변화에 따른 미국의 유럽 안보 정책의 변화를 직간접적으로 보여주는 사례라 하겠다.

헤이그 정상회담의 특징과 전략적 함의

과거 나토 정상회담과 비추어보아 트럼프 행정부에 들어와 처음으로 개최된 2025년 6월 헤이그 나토 정상회담의 주요 특징을 짚어보면 다음과 같다. 먼저, 이번 정상 선언문은 적어도 두 가지 측면에서 최근에 있었던 2022년 마드리드, 2023년 빌뉴스, 2024년 워싱턴 정상회담과는 상당히 다르다. 첫 번째로 이번에 채택한 정상 선언문 자체가 매우 짧고, 다루고 있는 내용도 회원국의 조약 제5조 준수 의무 확인과 나토의 새로운 방위비 분담 원칙 그리고 인도 태평양 지역의 나토+IP4(한국, 일본, 호주, 뉴질랜드)와 방위 산업 협력 증진이라는 딱 3가지 주제만 언급하고 있다는 점이다. 회담 진행 당시 국제사회의 이목을 집중시킨 이스라엘 이란 전쟁 문제도 언급되지 않았고, 우크라이나의 안전보장 문제도 언급이 없었다.

두 번째 특이점은 2019년 런던 나토 정상회담을 계기로 정상 선언에 공식 언급되어 온 중국 문제가 이번 선언문에는 빠졌다는 점이다. 2022년 마드리드 정상회담부터 중국에 대한 나토의 인식은 체제적 도전자에서 우크라이나 전쟁의 결정적 조력자 그리고 안보 위협자로 부정적 방향으로 변해 왔다. 2025년 3월 잠정 국방 전략지침을 통해 트럼프 행정부가 중국을 기준 위협으로 규정한 점을 고려한다면, 이번 정상 선언문에서 중국에 대한 언급이 없다는 점은 매우 이례적이고 특이한 점이라 하겠다.

미국과 유럽, 상호 불신

나토라는 대서양동맹의 근본 원칙인 집단 방위에 대한 약속 다짐과 새로운 방위비 분담 원칙으로 GDP 5%에 합의한 이번 정상회담의 핵심 내용이 갖는 전략적 함의는 다음과 같다. 먼저, 이러한 합의에도 불구하고 미국과 유럽 동맹국 간 서로에 대한 불신과 의구심이 여전히 크게 남아 있다는 점이다. 특히, 유럽 동맹국들은 그동안 나토에 대한 트럼프 대통령의 모호한 태도나 발언, 입장 등을 고려하면 나토에 대한 미국의 안전보장을 받고자 하는 마음이 컸을 것이다. 동맹의 법적 토대인 북대서양조약 제5조에 명백히 동맹의 근본 임무인 집단 방위 의무가 명시되어 있음에도 불구하고 유럽 동맹국은 이를 재차 확인하고 재보장받기 위한 마음에서 선언문 첫 번째에 이를 확인했던 걸로 파악된다. 반대로 트럼프 대통령은 나토의 새로운 방위비 분담 원칙으로 GDP 5% 합의 도출에는 성공했지만, 이를 실제 행동으로 옮길 유럽 동맹국의 실천 의지에 대해서는 여전히 강한 의구심을 가졌다. 지난 2014년 웨일즈 나토 정상회담에서 동맹국들은 2024년까지 GDP 2%를 충족해야 한다는 원칙에 합의했지만 이를 실천에 옮긴 회원국은 24개국에 불과했다. 이런 점을 고려하면 이번 정상 선언문에 동맹국의 방위비 실천 현황을 구체적으로 확인할 수 있는 연간 계획서와 중간 검토 과정을 명기한 건 이러한 트럼프 대통령의 의구심을 반영한 조치라 볼 수 있다.

국방 투자 계획의 주요 내용

두 번째 전략적 함의는 국방 투자 계획의 주요 내용과 관련이 있다. 뤼터 나토 사무총장은 정상회담 직전 『포린 어페어즈(Foreign Affairs)』에 기고한 글(세계는 더 강한 나토를 요구한다: 동맹 투자 계획)을 통해 새로운 국방 투자 계획을 구체적으로 밝힌 바 있다. 뤼터 사무총장이 밝힌 주요 입장을 살펴보면 다음과 같다. 정상 선언문에서 밝힌 대로 GDP 3.5%에 해당하는 첫 번째 지출 부분은 핵심적인 국방 요건에 투입하는 것이다. 여기에는 동맹국들이 제공해야 하는 병력과 역량을 규정하고 동맹국은 대공, 미사일 방어 시스템의 수를 5배로 늘려야 한다. 현재 나토 회원국들 사이에서는 공중, 미사일, 드론 방어 체계가 부족한 상태이고, 또한 수천 대의 장갑차와 탱크, 수백만 개의 포탄이 더 필요한 상황이다.

뤼터 사무총장이 언급한 두 번째 부분은 인프라를 포함한 국방 및 보안 관련 투자를 지원하는 업무와 직결된다. 나토는 물류, 공급, 운송 및 의료 지원과 같은 지원 능력을 두 배로 늘려야 하며, 동맹국들은 또한 더 많은 전함, 항공기, 드론 및 장거리 미사일 시스템에 투자할 필요가 있다. 아울러 나토는 사이버 및 우주 영역에 더 많은 지출을 하고, 혁신을 강화하고, 방위 부문에 신기술을 통합하는 능력을 가속화, 기술적 우위를 강화하는 것이다. 나토는 적시에 적절한 장소에 적절한 병력을 이동시키기 위한 민간 수송망이 필요하다. 이를 통해 나토의 목표는 전쟁을 막는 것이지만, 필요하다면 도로, 철도, 항구는 모든 분쟁의 동맥이 되어 병력, 탄약, 물자의 흐름을 제공해야 한다.

트럼프 행정부 취임 이후 미국은 유럽 안보의 유럽화를 줄곧 주장해 왔다. 미국은 나토에서 탈퇴하지 않더라도 동맹 관여를 줄이겠다며 유럽 동맹국의 적극적 역할 주문을 압박하였다. 뤼터 사무총장이 언급한 국방 투자 계획의 주요 내용은 현재 나토 유럽 동맹국들이 필요로 하는 군사 자산의 항목들이다. 이번에 드러난 국방 투자 계획은 나토에서 유럽 안보 기둥을 강화하여 유럽이 적극적으로 동맹 임무를 책임지는 방안을 모색하고 있다는 점이다. 즉, 향후 10년 동안

GDP 5% 원칙과 유럽 동맹국들이 필요로 하는 주요 군사 항목에 대한 국방 투자로 나토의 유럽화를 촉진할 수 있는 바탕을 마련하겠다는 함의를 보여준 것이다. 나토에서 유럽 안보 기둥이 발전하고 강화된다면 향후 유럽 동맹국이 나토를 주도하며 유럽 방위의 실질적 책임자인 유럽연합군 최고사령관(SACER)의 지위도 유럽인이 맡는 날을 기대해 볼 수 있다. 참고로 동맹 탄생 이후 현재까지 유럽연합군 최고사령관의 지위는 언제나 미국인 4성 장군이 맡아 왔다.

CHAPTER 10

글로벌 질서 경쟁과 동맹체제 강화

○　20세기 후반 독일 통일과 소련 제국의 와해로 상징되었던 냉전 종식은 지정학적 지진으로 국제 정세의 근본적 변화를 초래했다. 냉전 종식 이후 국제 정세는 냉전의 승자인 미국 중심으로 전개되었다. 미국의 단극체제는 유럽과 아시아는 물론 중동 지역으로까지 미국의 영향력 확장을 가져왔다. 그러나 2001년 9·11테러와 2008년 미국발 국제 금융위기를 계기로 미국의 단극체제는 계속 침식되는 가운데 미국 주도의 규칙 기반 국제질서는 흔들리기 시작하였다. 그 과정에서 중국의 부상과 영향력 확장은 생각 이상으로 빠르고 넓게 퍼져나갔다. 2022년 2월 러시아의 우크라이나 침공을 계기로 국제 정세는 혼돈과 혼란의 세계로 접어들었다.

글로벌 질서 경쟁의 서막

우크라이나 전쟁을 계기로 국제사회는 극도의 분열 양

상을 보였다. 이에 따라 기존의 미국 중심의 국제질서는 혼란과 혼돈으로 점철되는 무질서의 국제질서 양상으로 변했다. 무질서의 국제질서에서 목격되는 글로벌 정세의 가장 큰 특징은 미국 중심의 규칙 기반 국제질서를 옹호하는 자유민주주의 진영 대 다극화라는 새로운 국제질서를 모색하는 중러 연합의 권위주의 세력 간 글로벌 질서 재편의 경쟁이다. 국제질서의 장기적이면서도 구조적 변화를 동반하는 글로벌 질서 재편의 경쟁 구도에서 우크라이나 전쟁과 이스라엘-하마스 전쟁의 동시적 진행은 지구촌 곳곳에서 갈등의 장기화와 구조화를 부추기고 있다.

글로벌 질서 재편의 서막은 이미 오바마 행정부 시기부터 서서히 진행되었다. 오바마 행정부는 중국의 부상으로 동아시아 지역이 21세기 국제정치의 전략적 영역으로 부상함에 따라 재균형 정책을 통해 미국의 전략적 초점을 전통적인 유럽 대서양 지역에서 동아시아로 전환했다. 오바마 행정부의 재균형 정책은 트럼프 행정부의 인도 태평양 전략의 밑그림을 마련했다. 바이든 행정부는 트럼프 행정부의 인도 태평양 전략을 계승·발전시켜 나갔다. 바이든 행정부는 오늘의 시대는 전례가 없는 도전의 시대이자 타의 추종을 불허하는 기회의 시대이다. 중국은 경제, 외교, 군사 그리고 기술력을 결합해 안정적이고 개방된 국제체제에 계속 도전할 수 있는 유일한 경쟁자로 러시아와 함께 미국의 힘과 미국 중심의 세계를 이완시키는 데 더 단호해지고 있다고 평가했다.

한편, 2022년 10월 제20차 당대회를 통해 장기 집권의 토대를 쌓은 시진핑 주석은 2023년 3월 중러 모스크바 공동성명을 통해 미국이 주도하는 규칙 기반 국제질서에 반대하면서 새로운 형태의 국제관계를 건설하겠다는 의사를 공표했다. 즉, 중러는 자유주의적 국제 규범과 관습, 보편적 가치인 인권 존중, 규칙 기반의 국제질서는 서방 세계에는 유리하나 자신들과 비서구권 국가들은 불공정한 질서라고 언급했다. 2024년 5월 베이징 중러 정상회담의 공동성명에서도 양국은 이러한 입장을 재확인했다.

바야흐로 글로벌 질서 재편의 경쟁이 본격화되었다. 서방 진영과 중러 연합 세력 간 경쟁은 진영 논리를 강화하여 상호 간 경제적 거래를 제한함으로써 절대적 부의 창출을 제약하고 모두에게 손해를 입히는 승자가 없는 경쟁의 악순환에 빠져들게 했다. 즉, 글로벌 질서 재편의 강대국 경쟁은 절대적 이득보다는 상대적 이득을 중시하는 가운데 상대보다 손실을 덜 보는 상호 패자의 경쟁을 벌이고 있다. 글로벌 질서 경쟁이 격화되는 상황에서 글로벌 사우스(Global South)로 상징되는 지역적 중추 국가들이 부상하였다. 이들은 이념이나 가치보다는 거래적 외교 행태를 보이면서 특정 진영에 속하는 것을 지양, 실용주의 외교와 전략적 자율성을 추구하고 있다.

지정학 안보의 상호 의존성과 동맹체제 강화

글로벌 질서 경쟁이 본격화되는 가운데 현재 및 향후 국제 정세의 주요 특징을 짚어보면 다음과 같다. 첫째, 강대국 중심으로 전개되는 글로벌 질서 경쟁이 격화되면서 지난 냉전 시대 국제정치의 가장 큰 특징이었던 강대국 중심의 지정학 정치가 부활했다는 점이다. 현재 국제 정세에서 두드러지고 있는 강대국 중심의 지정학 정치가 과거와 다른 특징은 지정학 안보의 지리적 연계가 강조되면서 서로 다른 지역 간 안보적 상호 의존성이 중시되고 있다는 점이다. 이러한 현상은 글로벌 질서 경쟁에 직접 관여하는 주요 강대국과 이와 직간접적으로 맞물린 지역의 주요 국가 간 안보적 상호 의존성이 증대되고 있다. 예를 들면, 중러 권위주의 세력과 물러설 수 없는 글로벌 질서 경쟁을 벌이는 미국 중심의 서방은 유럽 대서양 지역과 인도 태평양 지역의 지리적 연결과 지정학 안보의 상호 의존성을 강조하고 있다.

지정학 안보의 상호 의존성으로 현실의 국제관계에서는 나토의 인도 태평양 전략과 맞물려 있는 나토+IP4(한국, 일본,

호주, 뉴질랜드)와 2024년 6월 북러 평양 정상회담으로 복원된 북러 동맹 강화 그리고 우크라이나 전쟁을 계기로 더 단단해지고 있는 중러의 전략적 제휴 현상 등이 두드러졌다. 향후 국가와 지역을 불문하고 유럽 대서양과 인도 태평양 지역에서 발생하는 거의 모든 안보 쟁점은 개별적 관련 행위자를 집단화하고 상황에 따라서는 진영의 문제로 확대될 수 있는 발화성을 갖게 되었다. 하나의 특정 쟁점이 직간접적으로 연관된 모든 행위자를 하나로 묶는 연쇄 연루(chain-gang)의 쟁점으로 변화될 개연성을 배제할 수 없다.

둘째, 지정학 안보의 상호 의존성 현상과 맞물려 있는 국제 정세의 주요 특징으로는 동맹체제의 강화 현상이다. 동맹체제 강화 현상은 글로벌 질서 경쟁의 핵심 지역으로 부상한 인도 태평양 지역에서 중국을 봉쇄코자 하는 미국의 전략 수단에서 현저하다. 이 지역은 미국과 중국이 가장 첨예하게 대립하는 곳으로 지정학적 연결과 이슈의 연계성이 그 어느 지역보다도 강하다. 인도 태평양 지역의 경쟁 구도에서 미국을 중심으로 하는 자유민주주의 진영 국가와 중국을 축으로 하는 권위주의·독재 국가와의 대립과 갈등이 현저하다. 인도양에서부터 태평양까지 그리고 모스크바에서 중앙아시아와 평양에 이르기까지 지정학적 연결성이 매우 강해 행위자의 개별적 움직임보다는 개별적 행위의 집단적 반응과 파급력이 중요하다. 예를 들면, 남중국해, 대만 문제 그리고 북핵 문제 등 개별적 안보 이슈도 지정학적 연결성과 맞물려 있어 관련 국가들의 대외 행동과 전략적 인식에 얽힘과 연루의 딜레마를 부과하고 있다.

글로벌 경쟁 구도의 핵심지인 인도 태평양 지역은 중국과 미국의 지역 질서 구상이 첨예하게 대립하고 있다. 중국은 미국의 동맹국과 영향력으로부터 자유로운 아시아인을 위한 아시아인에 의한 안보 구축을 구상하고 있다. 미국은 자유롭고 열린 인도 태평양 개념을 수용, 역내 국가들이 협박이 없는 상태에서 법의 규칙에 따라 자신의 이익을 추구하는 지역 질서를 구상하고 있다. 미국과 중국이 구상하고 있는 타협 불가능한 지역 질서 구상은 역내 긴장과 갈등 그리고 군비통제 부재의 군비증강을 촉진하면서 직간접적으로 역내 국가들의 진영화를 도모하는 효과를 발휘하고 있다.

이러한 경쟁 구도에서 미국은 중국 봉쇄를 강화하기 위해 기존의 동맹체제를 새롭게 재편하고 있다. 즉, 바이든 행정부에서는 오바마 행정부 당시 재균형 정책을 통해 구축된 소다자주의에 입각한 3자 간 안보협력 네트워크를 재편하여 새로운 동맹체제를 구축했다. 구체적으로 남중국해 지역을 중심으로 미국-일본-필리핀 안보협력, 동북아 지역을 중심으로 한 미국-일본-한국의 안보협력 그리고 서태평양 지역을 중심으로 하는 미국-영국-호주의 AUKUS 안보 협력체 구축이다. 미국은 기존의 한미동맹, 미일 동맹, 미국-필리핀 동맹 등의 양자 동맹체제(hub-and spokes)를 상호 긴밀히 연계된 그물망 동맹 네트워크(lattice security framework)로 재편하여 중국을 견제 또는 봉쇄하는 전략적 수단으로 활용하고 있다. 미국은 또한 나토+IP4를 주도적으로 형성하여 나토가 인도 태평양 지역에 관여할 수 있는 발판을 마련했다.

한편, 동맹체제 강화라는 미국 진영에 대응하여 다극화라는 새로운 국제질서를 모색하는 중국과 러시아는 동맹 수준 이상으로 무제한 파트너 관계를 확대·강화하고 있다. 양국은 북한과의 안보협력도 전통적 수준 이상으로 발전시켜 나가고 있다. 또한 2024년 6월 평양 정상회담을 통해 새로운 관계를 형성한 북한과 러시아의 밀착도 기존 동맹관계를 새롭게 강화하고 있다. 특히, 중국은 상하이협력기구(SCO)의 성격과 회원국 확대를 통해 영향력 확대를 도모하고 있다. 중러 양국은 브릭스(BRICS)의 회원국 확대를 통해 미국 중심의 자유 진영과의 대항 전선을 강화하고, 이를 통해 새로운 국제질서를 형성하고자 하는 자신들의 입장을 확산시켜 나가고자 한다.

P   A

R　T

3

트럼프 시대 유럽과
인도 태평양 안보

CHAPTER 11

패권 축소와 트럼프 행정부의 대외정책 기조

미국 중심의 자유민주주의 진영과 중러 연합의 권위주의 세력 간 글로벌 질서 경쟁이 본격적으로 시작될 즈음, 미국 우선주의와 미국을 다시 한번 위대하게 만들자는 대외 기조와 목표를 내세운 트럼프 행정부가 등장했다. 2025년 1월 취임 이후 트럼프 대통령의 대외정책 행보는 국제사회에 엄청난 충격을 주었다. 비평가들은 트럼프 대통령의 대외 행보를 종잡을 수 없고 바이든 행정부에서 그토록 강조했던 규칙 기반 자유주의 국제질서는 트럼프의 미국에 의해 흐트러지고 있다고 평가했다.

미국 우선주의와 안보·무역 불균형 구조

취임 이후 국제사회와 자유주의 국제질서에 엄청난 충격과 변화를 몰고 온 트럼프 행정부의 대외정책 기조는 적어도 다음과 같은 두 가지 원칙에 바탕을 두고 있다. 그것은 다름 아닌 미국 우선주의(America First)와 안보와 경제 분야에서 미국에 불리하게 작용하는 불균형을 바로잡겠다는 트럼프 대통령의 강한 의지이다. 먼저, 트럼프 행정부는 미국 우선주의를 강조한다. 지난 대선 과정에서 트럼프가 내세운 미국 우선주의는 단순한 선거 구호 이상으로 국제관계에서 그 무엇보다도 미국의 이익이 우선되어야 한다는 것이다. 지난 바이든 행정부가 강조한 규칙 기반 자유주의 국제질서가 미국의 이익에 불리하게 작용한다면, 이는 미국의 이익에 부합되도록 변경되거나 해체되어야 하는 것이다. 따라서 트럼프 행정부는 자유주의 국제질서 자체를 거부하기보다는 미국 우선주의라는 잣대로 규칙 기반 자유주의 국제질서의 유지나 수정 그리고 변화를 바라보는 것이다.

    트럼프 행정부의 대외정책 기조의 또 다른 원칙은 국제관계를 바라보는 트럼프의 인식과 직접적으로 관련이 있다. 트럼프 대통령은 국제관계를 국제정치 행위자들 간 끝없는 경쟁 무대로 인식한다. 국제관계라는 경쟁 무대에서 적대 세력은 말할 필요도 없고 우방국이나 동맹국도 미국의 경쟁 상대에 불과하다. 트럼프는 이러한 국제관계의 경쟁 구조가 최소한 안보 영역과 경제 분야에서 미국에 불리한 불균형 구도로 이루어졌다고 판단한다. 따라서 트럼프 대통령은 안보 분야에서 미국이 동맹국 안보를 위해 과도한 방위비 분담의 짐을 지고 있으며, 경제 분야에서 무역 수지도 미국에 불리한 구조라는 인식이 강하다. 이러한 트럼프 대통령의 인식은 동맹국의 방위비 분담 증액 압박과 무역 상대국과의 관세율 조정 정책으로 나타나고 있다.

퍼거슨 법칙(Ferguson's Law)과 강대국 쇠퇴

트럼프 행정부의 대외정책 기조의 이러한 두 가지 원칙은 미국이 직면한 현실적 고민과 맞물려 있다. 2024년 미국은 처음으로 한해 국가 부채의 이자 지출액이 국방 지출액을 넘어섰다. 2024년 미국의 국가 수입은 4조 9천억 달러를 약간 넘어섰다. 그중에서 국방비 지출액은 8,740억 달러로 국가 수입의 12.9%에 이르렀다. 반면 국가 부채 이자로 지출한 돈은 국가 수입의 13.1%에 해당하는 8,820억 달러를 지출했다. 이러한 미국의 예산 지출은 강대국의 쇠퇴를 설명할 때 자주 인용되는 퍼거슨 법칙(Ferguson's Law)을 보여주었다. 퍼거슨 법칙이란 어떤 강대국이 국방비보다 부채 이자 상환에 더 많은 지출을 하게 되면, 그 국가는 더 이상 강대국으로 남기 어려워진다는 것이다. 특히, 국가의 재정 구조에서 국방비보다 부채 이자 상환액이 많아지는 지점인 퍼거슨 한계는 강대국의 지정학적 영향력이 떨어지기 시작하는 전환점으로 이 지점을 기점으로 국가의 강대국 지위가 흔들리기 시작한다는 것을 뜻한다.

　　2025년 현재 36조 달러가 넘는 미국의 국가 부채는 국가 신용도 하락에 직접적 영향을 미칠 뿐 아니라 직간접적으로 미국의 대외정책 기조, 규모 그리고 성격 등을 압박·규정함과 동시에 100년 이상 지속되어 온 미국의 강대국 지위 자체를 위협하고 있다. 트럼프 행정부가 보여주고 있는 선택과 집중에 따른 제한적 외교정책도 미국이 직면한 이러한 현실을 반영하고 있다. 동맹국의 방위비 증액을 압박하는 가운데 유럽 안보의 유럽화를 추동하면서 중국 봉쇄에 집중하는 트럼프의 외교정책은 상대적 쇠퇴에 직면한 미국의 한 단면을 상징적으로 보여주는 것이다. 이에 따라 트럼프 행정부의 안보 동맹 정책은 전반적으로 국방비 규모를 축소하고 유럽 지역보다는 인도 태평양 지역에서 중국 봉쇄라는 핵심 이익을 위해 자원을 재배치하고 부족한 부분은 동맹국의 방위비 증액과 동참 압박을 통해 해결하고자 하는 정책 분위기를 강조한다.

신현실주의의 패권 축소론

　　트럼프 행정부의 이러한 대외정책 양상은 신현실주의의 패권 축소론의 입장과 유사하다. 맥도날드(Paul K. Macdonald)

와 파렌트(Joseph M. Parent)가 『국제안보(International Security, 2011)』라는 학술 저널에 게재한 패권 축소론의 요지는 다음과 같다. 먼저 축소란 상대적 권력 쇠퇴에 대한 반응으로 대전략의 공약을 철회하는 정책으로 정의된다. 이것은 주변 공약에 할당된 자원을 핵심 공약에 재분배하고, 외교정책에서 전반적인 비용 감축을 도모한다. 구체적으로 쇠퇴를 겪는 강대국은 다양한 정책 옵션 목록을 작성하여 이를 비용 절감, 위험 완화, 부담 전환으로 범주화한다. 그리고 불필요한 외교정책 의무를 털어내고 일부 지리적 영역에서 외교정책 목표를 완화하여 특정 쟁점을 덜 중요한 것으로 정의함으로써 위험을 완화할 수 있다. 좀 더 극단적인 상황에서는 현존하는 공약을 철회하거나 동맹국에 부담을 전가하여 외교정책의 의무를 회피할 수도 있다.

　　이러한 정책을 통해 상대적 쇠퇴에 직면한 강대국은 주변 이익에 할당한 자원을 핵심 이익을 위해 재배치할 수 있다. 또한 상대적 쇠퇴에 직면한 강대국은 다른 강대국의 공격적 성향이나 약탈적 유혹을 부추기지 않으면서 타협을 통해 자신의 공약을 다시 균형 맞게 조정할 수 있다. 특히, 강대국 관계에서 중요한 건 상대적 쇠퇴율로 이를 반전시키기 위한 가장 좋은 방법은 방위비 삭감이나 군사력 규모의 축소 또는 방위 정책의 부담을 완화하는 내적 축소와 동맹국에 대한 안보 공약을 줄이거나 방위비 분담을 전가하는 등의 외적 축소를 단행하는 것이다. 결론적으로 패권 축소론은 현명한 쇠퇴를 단행하여 내일을 도모할 필요가 있다는 점을 역설한다.

현재 나타나고 있는 트럼프 행정부의 글로벌 안보 정책이나 동맹 정책이 이러한 패권 축소론의 핵심 요지를 정확히 반영하진 않더라도 커다란 흐름과 특징에서는 맥을 같이한다고 볼 수 있다.

NORTH

ATLANTIC

TREATY

ORGANIZATION

THE

TRUMP

ADMINISTRATION

THE

KOREAN

PENINSULA

CHAPTER 12

화성인의 유럽 안보정책과 방위비 분담

○ 트럼프 행정부 출범 전후로 나토의 핵심국인 미국과 유럽 동맹국 간 대립과 갈등이 커지고 있다. 물론, 미국과 유럽의 동맹 갈등은 어제오늘의 일이 아니다. 유럽 및 국제 안보를 바라보는 미국과 유럽의 대립과 갈등을 두고 브루킹스 연구소의 선임연구원인 케이건(Robert Kagan)은 「권력과 나약함(2002년)」이라는 글을 통해 미국과 유럽을 서로 다른 세계관을 가진 화성인(미국)과 금성인(유럽)이라고 묘사한 바 있다. 화성인과 금성인의 대립과 갈등은 나토 창설 이후 주기적으로 나타났으며, 지난 2003년 3월 미국의 이라크 침공으로 절정에 이르는 양상을 보여주었다.

한동안 잠잠했던 미국과 유럽의 갈등은 트럼프 행정부 출범 이전부터 예견되었다. 2024년 미국의 대선 과정에서 유럽은 트럼프가 당선된다면 민주주의와 안보 그리고 관세와 통상 등을 포함한 경제 전반에 걸쳐 미국과의 갈등이 불가피함을 감지했었다. 이러한 예상과 우려는 빗나가지 않았다. 트럼프 행정부 출범 이후 미국과 유럽 동맹국의 대립과 갈등은 우크라이나 종전 해법과 나토의 방위비 분담금 증액 문제 등을 둘러싸고 주기적으로 계속 분출되었다.

트럼프 행정부, 유럽 안보의 유럽화 압박

2025년 2월 12일 장관 임명 이후 처음으로 브뤼셀 나토 본부를 방문한 피트 헤그세스 국방부 장관은 우크라이나 종전과 관련해서 우크라이나와 유럽 동맹국들을 당황하게 만드는 발언을 쏟아 냈다. 우크라이나의 나토 가입은 없으며, 우크라이나가 크림반도를 다시 차지하는 2014년 이전으로의 영토 회복에 대해 회의적이고, 종전 이후 우크라이나 영토에 미군이 없는 유럽 중심의 평화유지군이 주둔할 거라는 생각을 밝혔다. 또한 그동안 우크라이나 종전의 밑그림을 그려왔던 키스 켈로그 우크라이나-러시아 특사는 독일 뮌헨안보회의(MSC)에서 유럽을 향해 우크라이나 협상 테이블 배석 여부를 불평할 게 아니라 구체적 제안과 아이디어를 마련하고 방위비를 증액할 것을 강조했다. 동맹국 유럽을 당황하게 만드는 미국의 발언은 단지 우크라이나 종전 문제에 그치지 않았다. JD 밴스 미국 부통령은 2월 14일 MSC 연설에서 청중의 기대와는 달리 유럽의 민주주의를 비판하는 발언—내가 유럽에 대해 가장 걱정하는 위협은 러시아나 중국, 그 어떤 외부 행위자가 아니라 유럽의 가장 근본적인 가치, 미국과 공유하는 가치에서 후퇴하는 것—을 하면서 극우 정당인 독일을 위한 대안(AfD)을 배척하는 독일 정치권을 우회적으로 비판하기도 했다.

이처럼, 트럼프 당선 이전 유럽이 예감했던 세 가지 쟁점인 안보, 민주주의, 경제에서의 우려와 마찰 그리고 대립과 갈등이 트럼프 행정부 출범 이후 현실로 나타났다. 유럽 동맹국의 반발에도 불구하고 우크라이나 해법과 방위비 증액 압박을 줄기차게 요구하는 트럼프 행정부의 다소 강경한 목소리에는 강대국의 쇠퇴를 알려주는 퍼거슨 한계라는 미국의 현실적 고민과 이를 고려한 트럼프 행정부의 유럽 안보 정책이 담겨 있다. 트럼프 행정부의 유럽 안보 정책은 유럽 동맹국의 방위비 증액과 나토 개혁 등을 통해 유럽 동맹국들이 유럽 안보에서 더 큰 책임과 역할을 맡는 그림이다. 즉, 트럼프 행정부는 유럽 동맹국과의 전략적 분업을 통해 유럽 안보의 유럽화를 추동하는 것이다. 지난 냉전 시대 미국과 유럽은 미국은 안보를, 유럽은 경제를 책임지는 전략적 분업을 경험했었다. 퍼거슨 한계라는 미국의 현실적 고민과 더불어 러시아의 위협과 중국의 영향력 확장이라는 시대적 상황에서, 나토의 유럽 동맹국들이 유럽 안보를 책임지고 미국은 중국 봉쇄를 위해 인도 태평양 안보에 집중하는 것이다. 미국과 유럽 동맹국 간 전략적 분업은 트럼프의 미국이 나토에서 탈퇴하지 않더라도 유럽 안보에 덜 관여하는 것이다. 이는 트럼프 행정부의 선택과 집중이라는 대외정책 기조와도 부합한다.

이런 맥락에서 트럼프 행정부는 우크라이나의 안전보장 문제와 관련해 유럽의 책임과 역할을 강조한다. 트럼프 행정부는 나토 내에서 유럽 안보 기둥의 강화를 강조하면서 미국의 안보 공약과 유럽 안보 기둥 간 적절한 균형을 도모해 나갈 것이다. 트럼프 행정부의 유럽 안보 정책의 큰 흐름은 미국이 나토에서 탈퇴하는 게 아니라 유럽에 주둔해 있는 85,000명 정도의 주둔 미군의 감축을 단행하고 나토에서 유럽 안보 기둥을 강화하는 등 유럽 안보의 유럽화를 추동하는 방향으로 전개될 것이다. 다만, 나토에서 유럽 안보 기둥의 강화는 유럽 안보에 대한 미국의 영향력 쇠퇴를 동반할 수 있어 그 대안으로 미국은 나토 핵전력에 대한 책임 강화를 추진할 것이다. 트럼프 행정부의 안보 분업 구상은 미국이 유럽의 자연스러운 동맹국이자 안보 보장자라는 인식과 믿음에서 벗어나는 과도기적 변화 과정이다.

새로운 나토 방위비 분담 원칙, GDP 5%

트럼프 행정부의 유럽 안보 정책을 위한 우선적이고

현실적 변화는 나토 방위비 분담금의 증액으로 나타나고 있다. 사실, 트럼프 대통령의 강한 압박으로 동맹의 핵심 쟁점이 된 방위비 분담금 문제는 동맹 탄생 때부터 논란이 되었던 문제이다. 회원국들은 동맹 창설 당시부터 쟁점이 되었던 방위비 분담 문제 해결을 위해 북대서양조약 제3조에 동맹의 방위력을 유지·발전시켜 나갈 책임을 규정했다. 참고로 나토 방위비 분담의 정확한 의미는 동맹의 부담 공유(burden sharing)에 들어가는 비용을 가리킨다. 따라서 나토의 방위비 분담은 동맹의 공동 목표를 추구하는 데 있어 회원국이 맡는 비용과 위험 배분에 대한 상대적 비중을 의미한다.

2014년 러시아의 크림반도 병합을 계기로 나토는 2014년 웨일즈 정상회담에서 회원국은 2024년까지 GDP의 2%를 방위비로 지출해야 한다는 방위비 2% 약속에 합의했었다. 또한 회원국들은 국방 투자 서약에 따라 국방비의 최소 20%를 관련 연구개발을 포함한 주요 장비 지출에 할당해야 한다는 데에도 동의했었다. 2014년 당시 미국, 영국, 그리스 등 회원국 3개국만이 방위비 2% 약속을 충족시켰으나 10년이 지난 2024년에는 우크라이나 전쟁 및 트럼프의 압박 등으로 32개국 중에서 24개국이 2% 기준을 달성했다.

트럼프는 대통령 당선 직후인 2025년 1월 7일 기자회견에서 나토 방위비 분담금으로 회원국들의 GDP 5%를 새롭게 요구했다. 트럼프 행정부 출범 이후 미국이 새롭게 제시한 나토 방위비 분담의 GDP 5%는 미국과 유럽 동맹국 간 격렬한 대립과 갈등을 촉발했다. 그러나 결국 2025년 6월 헤이그 나토 정상회담에서 회원국들은 2035년까지 GDP 5%를 충족시키는 데 합의했다.

    동맹국들이 합의한 GDP 5% 약속은 국방 투자의 두 가지 필수 범주로 구성된다. 구체적으로 동맹국들은 2035년까지 나토 국방비 지출에 합의한 정의에 따라 GDP의 3.5%는 핵심 국방 요구 사항에 할당하고 나토의 역량 목표를 달성하는 것이다. 동맹국들은 이러한 목표에 도달하기 위한 신뢰할 수 있고 점진적인 경로를 보여주는 연간 계획을 제출하는 데에도 합의했다. 아울러 동맹국들은 GDP의 1.5%는 핵심 인프라 보호, 네트워크 방어, 민간 대비 태세와 회복력을 보장, 혁신 촉진 그리고 방위 산업 기반을 강화하는 데 할당하는 것이다. 이 계획에 따른 지출 궤적과 균형은 전략적 환경과 업데이트된 역량 목표에 비추어 2029년에 검토될 것이다.

미군 감축과 나토 핵 정책 강화

    트럼프 행정부는 2025년 6월 헤이그 정상회담에서

새로운 방위비 분담 원칙으로 GDP 5% 원칙에 합의해서 유럽 안보 기둥이 발전하고 강화될 수 있는 초보적 발판을 마련했다. 트럼프 행정부는 후속 조치로 조만간 유럽 주둔 미군 병력의 감축을 단행할 것으로 전망된다. 우크라이나 전쟁 계기 유럽 주둔 미군 병력은 상시 주둔 65,000명과 순환 병력을 포함해 약 10만 명 정도였으나 현재는 대략 85,000명 정도이다. 참고로 냉전 종식 이후 클린턴 행정부 당시(1997년)에는 113,000명 정도였다. 2008년 부시 행정부 당시에는 66,000명으로 감축되었다. 아시아 중시 정책을 천명한 오바마 행정부 당시(2013년)에는 63,000명으로 2차 대전 이후 최저치에 달했었다.

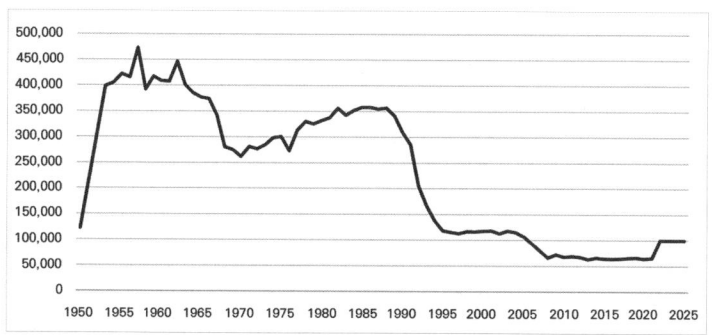

1950~2025년 유럽 주둔 미군 병력의 변화

향후 추진될 유럽 주둔 미군 병력의 감축은 나토에 대한 미국의 관여 축소와 영향력 약화를 초래할 것이고 그 반작용으로 나토 내에서 유럽 동맹국의 안보 기둥이 강화되어 유럽의 목소리가 커질 것이다. 이러한 변화를 고려하여 트럼프 행정부는 당분간 나토와 유럽 안보에 대한 미국의 영향력 유지 차원에서 유럽 안보의 실질적 책임자인 유럽연합군 최고사령관(SACEUR)의 자리는 계속 미국인 4성 장군으로 유지할 것이다. 또한 나토의 핵전력을 전적으로 책임지면서 유럽에 대한 영향력을 유지하는 가운데 유럽 동맹국의 군사력 강화를 추동할 것으로 전망된다. 현재 미국은 벨기에, 독일, 이탈리아, 네덜란드, 튀르키예와 나토 핵 공유와 전진 배치 핵 협정을 맺고 있다. 나토 핵 억제력은 이들 국가의 6개 기지에 저장된 약 100개의 미국 B61 중력 폭탄으로 구성되어 있다.

트럼프 행정부의 유럽 안보 정책의 큰 흐름은 나토 방위비 분담 증액, 유럽 주둔 미군 감축과 나토에서 유럽 안보 기둥을 강화하는 등 유럽 안보의 유럽화를 추동하는 방향으로 전개될 것이다. 미국 우선주의에서 출발한 트럼프 행정부의 유럽 안보 정책이 유럽 동맹국에 시사하는 바는 이제는 유럽 안보에 대한 책임은 미국보다는 유럽 동맹국의 몫이라는 점이다. 트럼프의 압력 등으로 유럽이 자국의 안보를 돌보아야 한다는 자각과 유럽 안보 기둥 강화에 관한 논의는 유럽의 국방 계획과 투자에 새로운 활력을 불어넣을 것이다. 물론 유럽 안보 기둥의 완전한 구축은 자체 핵우산 능력을 확보해야만 가능하나 현재 및 향후 이를 달성할 수 있는 것은 매우 민감한 정치적인 문제로 핵 억제력에 대해서는 많은 의문과 불확실성이 존재한다. 그러나 트럼프 행정부의 유럽 안보 정책은 미국이 유럽의 자연스러운 동맹국이자 안보 보장자라는 인식과 믿음에서 벗어나는 커다란 변화 과정이 될 것이다.

CHAPTER 13

금성인 유럽 동맹국의 안보 홀로서기

○ 트럼프 행정부의 미국 우선주의와 나토에 대한 인식 변화 그리고 미국으로부터 질책 아닌 질책과 모욕감—트럼프 대통령은 첫 번째 재임 시기에 유럽연합을 가장 큰 적 중 하나라고 언급했고 두 번째 임기 초반에는 유럽연합의 임무는 미국을 망치게 하는 것이라고 언급—을 받은 유럽은 이제 유럽 스스로가 유럽의 안보를 지켜야 한다는 당혹스러운 현실을 마주하게 되었다. 유럽 안보 문제는 유럽 국가들이 책임져야 한다는 트럼프의 유럽 안보 정책으로 이제 유럽은 자신의 안보를 돌봐야 한다는 자강의식 고취와 나토에서 유럽 안보 기둥을 강화해야 한다는 논의는 그동안 주기적 부침을 겪어 왔던 유럽의 전략적 자율성을 강화해 나가는 결정적 계기로 작용하고 있다.

유럽연합의 안보 정책 발전과 전략적 자율성 강화

유럽의 전략적 자율성이라는 개념은 미국의 이익은 유

럽의 이해관계와 다르다는 인식에서 비롯된 것이다. 전략적 자율성은 유럽이 대외적 행동을 통해 국제관계의 진로를 형성할 수 있도록 하는 것과 유럽이 독자적으로 행동하고 필요할 경우 유럽의 대외정책 선택을 지지할 수 있도록 하는 것이다. 즉, 유럽이 정치, 경제, 안보 영역에서 독자적 역량을 확보하여 나토에 대한 안보 의존도를 줄여나가면서 유럽의 독자적 방위는 물론 국제무대에서 영향력을 행사하는 글로벌 행위자가 되는 것이다. 이러한 유럽의 전략적 자율성은 냉전 종식 이후 유럽연합의 안보정책과 더불어 발전하였다. 유럽연합은 1991년 마스트리히트 조약을 통해 공동외교안보정책을 탄생시켰다. 이를 발판으로 유럽연합은 1998년 12월 영국과 프랑스의 정상회담을 통해 유럽안보방위정책을 발전시켰고 2009년 리스본 조약을 통해 이를 공동안보방위정책으로 바꾸었다. 유럽연합은 2003년 12월 브뤼셀 정상회담에서 유럽안보전략을 승인하여 역사상 처음으로 공동의 안보전략을 형성했다. 이를 계기로 유럽연합은 유럽의 전략적 자율성을 구현해 나가기 위한 더 진전된 발판을 마련했다.

    2016년 6월 유럽연합은 새롭게 지구적 전략을 채택하여 유럽의 전략적 자율성을 보다 발전시켰다. 지구적 전략에서는 전략적 자율성과 관련하여 다음과 같은 세 가지 기능을 제시했다. 즉, 지구적 전략은 유럽연합이 공동외교안보정책을 이행하는 과정에서 전략적 자율성을 하나의 담대한 목표로 제시했다. 둘째는 전략적 자율성은 평화와 안보를 증진한다는 목표를 달성하기 위한 전제 조건으로 여겨졌다. 세 번째는 전략적 자율성 자체가 신뢰할 수 있는 공동 방위 안보 정책과 마찬가지로 지속 가능하고 혁신적이며, 경쟁력을 갖춘 유럽 방위 산업의 출현으로 조건화된다는 사실을 강조했다. 이러한 지구적 전략의 비전을 실현하기 위한 수단으로 2017년 12월 유럽연합은 전략적 자율성에 바탕을 두고 항구적 안보 국방 협력체제(PESCO)를 출범시켰다. 이 조직은 유럽 대외관계청, 유럽연합 군사 참모, 유럽방위청이라는 3개 조직을 핵심 구조로 하면서 유럽의 방위 산업 및 관련 분야의 조달사업에서 유럽의 역량을 강화하는 데 초점을 두고 있다.

  2022년 2월 러시아의 우크라이나 침공으로 촉발된 지정학적 격변으로 유럽의 전략적 자율성은 더욱 중요해졌다. 안보와 국방 그리고 러시아에 의존했던 에너지 분야에서의 전략적 중요성은 한층 강화되었다. 2022년 3월 유럽연합은 향후 10년 동안 안보와 국방 차원의 발전을 안내하는 전략개념으로 전략적 나침반을 발표했다. 2024년 3월 유럽연합은 집행위원회와 외교 안보 정책 고위 대표는 최초의 유럽 방위 산업 전략(EDIS)을 발표했다. 이는 유럽연합의 방위 산업을 강화하고 전략적 자율성을 높이기 위한 중요한 발전이었다. 유럽 방위 산업 전략은 회원국들이 유럽에서 생산되는 국방 역량 개발에 협력적 투자를 할 수 있도록 견인하는 것이며, 유럽연합의 전략적 자율성을 달성하는 데에도 매우 중요하다. 트럼프 행정부의 미국 우선주의가 횡행하는 상황에서 이제 유럽연합의 전략적 자율성은 야망이자 목표일 뿐만 아니라 유럽연합의 단결을 강화하는 정치적 동력이다.

유럽의 분수령, 유럽의 국방력 강화

트럼프 행정부 출범을 계기로 유럽연합의 전략적 자율성은 더 이상 선택 사항이 아니라 필수적인 현실 문제가 되었다. 전략적 자율성은 이제 유럽연합의 새로운 국제적 정체성의 일부가 되어 국제관계에서 독자적이고 독립적인 글로벌 행위자로서 유럽연합의 지위를 장기적으로 확인하는 강력한 수단이 되었다. 유럽 동맹국들은 트럼프 행정부의 방위비 분담 증액 압박과 유럽 안보에서 유럽의 역할 확대 및 강화 요구에 직면하여 전략적 자율성을 높이기 위한 효율적이고 실질적 수단으로서 적극적인 국방력 강화에 나섰다.

2025년 2월 6일 브뤼셀에서 열린 비공식 유럽 지도자 회의에서 폴란드 외무부 장관은 유럽의 국방력 증강에 필요한 자금 조달을 위해 재무장 은행을 설립하는 방안을 검토할 필요성을 제기했다. 또한 폰 데어 라이언(Von der Leyen) 유럽연합 집행위원장은 이제 국방이 유럽연합의 최우선 과제가 될 것임을 암시했고, 3월 6일 브뤼셀 회의에서는 유럽의 분수령이라는 유럽 재무장 계획을 지지했다. 주목할 만한 건 유럽의 분수령은 러시아로부터의 위협보다는 동맹국 트럼프의 미국이 더 이상 신뢰할 수 있는 동맹국이 아니라는 유럽의 인식에서 비롯되었다는 점이다.

  2025년 3월 19일 쿠빌리우스(Kubilius) 유럽연합 국방 우주 담당 집행위원은 빅뱅 수준에 버금가는 유럽연합의 국방 접근을 강조하면서 유럽 방위 백서를 발표했다. 유럽 방위 백서의 주요 내용은 다음과 같다. 먼저, 회원국 간 주요 역량 격차를 해소하고 강력한 방위 산업 기반을 구축하기 위해 무엇보다도 7개 분야(▲대공과 미사일 방어 ▲포병 시스템 ▲탄약과 미사일 ▲드론과 대항 드론 시스템 ▲군사적 기동성 ▲AI, 양자, 사이버 및 전자전 ▲전략적 조력자 및 공수, 연료, 보급, 해양과 우주 자산을 포함한 인프라 보호)의 군사력 강화를 제시했다. 또한 무기 구매와 관련해서는 탄약 등 소모성 무기는 전체의 65%는 유럽연합 내에서 구매하고 복잡한 무기 체계의 65%는 유럽연합 역내에서 부품을 구매한다. 나머지는 역외 무기가 가능하나 무기 통제권은 유럽연합이 보호한다.

앞에 놓인 장애물

유럽의 재무장이라는 분수령을 넘어 안보 홀로서기에 나선 유럽 동맹국들의 포부와 비전은 원대하지만, 이의 실현 앞에는 적지 않은 도전 요인이나 장애물이 놓여 있는 것도 사실이다. 먼저, 유럽연합의 외교 안보 정책은 회원국의 만장일치를 요구하고 있어 신속하고 일관된 대응을 어렵게 만든다. 또한 과거보다 유럽연합의 국방력이 강화된 것은 사실이나 유럽연합은 국방 분야에서 전략적 자율성을 갖추지 못하고 있다. 특히, 유럽 동맹국 사이에서는 여전히 유럽 안보 문제를 둘러싸고 대서양주의자와 유럽주의자 간 보이지 않는 대립과 갈등이 작동하고 있다. 유럽 안보를 위해서는 여전히 나토가 가장 중요하고 나토가 유럽 안보의 주체가 되어야 한다는 대서양주의자와 유럽의 전략적 자율성을 강화해 유럽이 유럽 안보 문제를 주도적으로 다루어야 한다는 유럽주의자 간 갈등이 상존한다.

대서양주의자와 유럽주의자 간 대립과 갈등은 단순히 유럽 안보에만 국한된 문제가 아니라 미국과 중국의 전략경쟁에 대한 유럽의 접근방법에도 직간접적인 영향을 미친다. 예를 들면, 유럽에서 가장 큰 경제 대국이자 경제성장을 위해 수출에 크게 의존하고 있는 독일은 중국과는 경제적 이익을 미국과는 전략적 동맹 사이에서 균형을 유지해야 하는 어려운 상황에 있다. 독일은 중국과 정치적, 경제적, 사회적 관계를 단절하고 싶지는 않지만 보다 예측적이고 투명하며 호혜적인 중국과의 관계를 바라고 있다.

안보 국방 분야에서 유럽의 전략적 자율성을 강화하기 위한 핵심적인 부분은 핵 억제력이다. 비록 유럽 동맹국 중에서 프랑스와 영국이 자체 핵전력을 보유하고 있지만, 동맹 탄생 이후부터 오늘에 이르기까지 핵 억제력은 미국과의 핵 공유를 통해 유지되고 있다. 2025년에 들어와 유럽의 전략적 자율성 강화 차원에서 유럽 동맹국 간 핵 공유 문제가 뜨거운 쟁점으로 부상했다. 지난 2월 독일의 메르츠 총리 후보는 프랑스와 영국에 핵 공유를 제안했고, 프랑스의 마크롱 대통령은 3월 5일 핵 억제력을 통해 유럽 대륙의 동맹국 보호를 위한 전략적 대화를 시작하기로 했다는 점을 밝혔다. 이의 후속 조치로 5월 7일 독일의 메르츠 총리는 마크롱과의 정상회담을 통해 프랑스와 독일은 국방 협력 강화를 위해 정기적으로 회의를 개최할 공동 국방 안보 위원회 설립에 합의했다. 폴란드도 프랑스의 핵 공유 확대를 요구했다.

나토의 유럽 안보 기둥 강화 차원에서 논의되는 유럽 동맹국 간 핵 공유 문제는 매우 정치적이고 전략적인 문제이다. 만약 프랑스를 중심으로 유럽 동맹국 간 핵 공유 문제가 확대되고 가시화된다면 이는 미국의 나토 핵 억제력 정책과 충돌할 것이다. 또한 유럽 동맹국 간 핵 공유 확대 문제는 핵확산금지조약(NPT)과의 충돌 문제뿐 아니라 러시아와 새로운 전략적 긴장과 갈등을 유발하는 매우 민감한 쟁점이 될 것이다. 따라서 유럽의 전략적 자율성 강화 차원에서 논의되고 있는 유럽 동맹국 간 핵 공유 문제가 가시화되기에는 많은 시간과 유럽 동맹국들의 정치적 결단이 전제되어야 한다.

NORTH

ATLANTIC

TREATY

ORGANIZATION

THE

TRUMP

ADMINISTRATION

THE

KOREAN

PENINSULA

CHAPTER 14

트럼프 행정부의
인도 태평양 전략, 중국 봉쇄

아시아를 중시하는 오바마 행정부의 재균형 정책 이후로 동아시아 혹은 인도 태평양 지역은 역대 미국 행정부의 가장 중요한 전략적 초점이 되었다. 이는 다름 아닌 중국의 급부상과 이 지역에 대한 중국의 영향력 확장과 직접적인 관련이 있다. 오바마 행정부의 재균형 정책을 시작으로 트럼프 1기 행정부와 바이든 행정부 그리고 트럼프 2기 행정부의 인도 태평양 전략은 이 지역에 대한 중국의 영향력 확장을 막고 가능하다면 중국의 부상을 억제하는 것이다. 이제 미국의 세계 전략의 핵심지는 더 이상 유럽 대서양 지역이 아니다. 중국의 본토가 있는 인도 태평양 지역으로의 대전환을 이루었다. 엄밀히 말해, 트럼프 행정부의 인도 태평양 전략은 1기 때와는 달리 직접적으로 중국을 겨냥한 중국 봉쇄 정책이라 해도 지나치지 않다.

참고로 지난 1기 트럼프 행정부는 2017년 11월 베트남에서 개최된 APEC 정상회담에서 자유롭고 개방된 인도 태평양 전략을 발표했다. 그 당시 발표한 인도 태평양 전략의 핵심 원칙과 비전은 ▲모든 국가의 주권과 독립 존중 ▲분쟁의 평화적 해결 ▲공개적인 투자, 투명한 합의, 연결성에 입각한 자유롭고 공정하며 호혜적인 무역 ▲항행의 자유와 같은 국제적 규칙과 규범 준수를 내세웠다. 1기 트럼프 행정부의 인도 태평양 전략의 주요 목적은 남중국해 지역을 중심으로 미국의 영향력을 차단하고 자신의 영향력을 강화하는 중국판 먼로주의가 고착되는 것을 사전에 방지하는 것이었다. 이를 위해 트럼프 행정부는 정치(거버넌스)-경제-안보로 이루어진 삼중구조를 통해 역내 국가들과의 협력 강화와 소위 제1 열도선(쿠릴 열도~일본~오키나와~대만~필리핀~보르네오섬으로 이어지는 도련선) 내에서부터 중국과의 경쟁을 적극적으로 펼쳐나가겠다는 의지를 표명했었다.

중국 봉쇄, 트럼프 행정부의 인도 태평양 전략의 근간

2025년 1월 출범한 제2기 트럼프 행정부는 대중 군사적 억제를 공개적으로 표명했다. 트럼프 행정부는 1기 때의 중국판 먼로주의 차단이라는 방어적 접근을 넘어 중국의 영향력 확장을 원천 차단하는 공세적 접근으로 나오고 있다. 공세적 접근은 경제와 안보 분야에서 두드러지고 있다. 트럼프 행정부가 역내 국가들과 공급망, 연결성, 기술 협력을 강화하고, 인도와의 협력 강화를 통해 중국의 경제적 영향력을 상쇄하는 것도 하나의 복안으로 작용할 수 있다. 안보 분야에서는 ▲바이든 행정부에서 구축한 격자형(Lattice-like) 동맹체제 강화 ▲인도와 남중국해 주변 국가와의 협력 지원 ▲나토+IP4(한국, 일본, 호주, 뉴질랜드)와 안보협력 확대 및 강화를 견인해 나가는 모습도 그려볼 수 있다. 참고로 바이든 행정부에서 구축된 격자형 동맹체제는 ▲남중국해 주변 지역의 미국-필리핀-일본 ▲동북아 지역의 한미일 안보협력 ▲서태평양 지역의 AUKUS(미국, 영국, 호주) 간 연결성과 이들 간의 긴밀하고 촘촘한 안보협력 네트워크를 구축한 것이다.

　　트럼프 행정부의 인도 태평양 전략의 근간인 중국 봉쇄에는 나토+IP4 안보협력을 강화하는 방안도 열려 있다. 2022년 6월 마드리드 정상회담을 계기로 나토는 인도 태평양 지역에서 IP4와 안보협력의 필요성과 확대 강화를 추진해 왔다. 나토는 2022년 새로운 전략개념 채택을 통해 유럽 대서양 지역과 인도 태평양 지역의 지리적 연결과 안보적 불가분성을 강조해 왔고, 그 과정에서 중국에 대한 인식과 접근방법도 변하였다. 다만, 트럼프 행정부의 ▲거래적 접근 ▲선택과 집중을 중시하는 신고립주의 경향 ▲다자협력보다는 일방주의 중시 ▲무차별적 관세 정책 등으로 동맹 갈등과 역내 불안정 그리고 불확실성이 고조될 수도 있다.

잠정 국방 전략지침

트럼프 행정부의 인도 태평양 전략의 근간인 중국 봉쇄와 관련된 첫 번째 공식 입장은 지난 3월 워싱턴포스트가 보도한 잠정 국방 전략지침이다. 여기에서 피트 헤그세스 국방부 장관은 중국을 미국의 유일한 속도(조절) 위협(pacing threat)으로 묘사하고 중국이 대만을 점령하는 것을 저지하고 동시에 미국 본토를 방어하는 게 국방부의 유일한 속도 시나리오라고 설명했다. 이러한 국방부의 입장은 현재 국방부 정책 차관이자 2021년 저서 『거부의 전략: 강대국 분쟁 시대의 미국 국방』에서 미국 외교정책의 최우선 과제를 제시한 엘브리지 콜비(Elbridge Colby)의 전략적 사고를 반영한 것이다. 그가 제시한 미국의 최우선 과제는 대만을 둘러싼 중국과의 전쟁 가능성에 대비하는 것이며, 이를 위해 아시아에서 반패권 연합을 구성하는 것이었다.

지난 바이든 행정부는 중국을 정치, 경제, 군사, 기술 등 모든 영역에서 미국의 유일한 경쟁자로 규정한 바 있다. 트럼프 행정부는 이제 중국을 유일한 경쟁국을 넘어 위협국으로 정의하고 있다. 트럼프 행정부는 미국의 군사구조와 역량 그리고 전략과 수단 등을 재정비하여 중국이 제2 열도선(마리아나 섬~괌~팔라우)을 넘어서는 걸 원천 봉쇄하고 남중국해에

가둬두고자 하는 대중(對中) 군사적 억제에 초점을 맞추고 있다. 이에 따라 미국은 인도 태평양 지역으로 가용할 수 있는 군사 자원을 재분배하고 있다. 예를 들면 3월 30일 미국은 주일미군 사령부를 태평양 사령부와는 별개로 운용되는 새로운 권한과 임무를 받은 합동 작전사령부로 개편했다. 또한 5월 16일 브런슨(PaulXavier T. Brunson) 주한미군 사령관은 미군의 전략적 유연성을 강조하는 발언을 했다. 아시아 태평양 지역을 담당하는 마이클 디솜버 미 국무부 차관보는 동맹국들이 대만을 지원해야 한다는 발언들을 쏟아 냈다.

국방 전략(NDS)의 핵심 내용

2025년 5월 헤그세스 국방부 장관은 엘브리지 콜비 정책 차관에게 2025년 국방 전략(NDS) 작성을 지시했다. 트럼프 행정부의 국방 전략 작성의 책임자인 콜비는 7월 21일 한국 등 아시아 태평양 지역 동맹국의 집단 방위를 강화하기 위해 국방부와 국무부가 협력하고 있다는 점을 밝혔다. 이는 한미일 협력과 주한미군의 역할이 중국 견제로 초점을 맞춰야 한다는 뜻으로 풀이된다. 이러한 인식과 정책들이 곧 공표될 트럼프 행정부의 국방 전략에 반영될 것이다. 이러한 미국의 정책 방향과 입장 등은 동맹국에 대한 안보 공약을 줄이거나 방위비 분담을 전가하는 등의 외적 축소와 관련된 것이고, 또한 직간접적으로 한미동맹의 발전 방향에 부담 요인이 되고 있다.

현재 만들어지고 있는 미국의 국방 전략의 구체적인 내용에 대해서 알 수 없다. 그러나 여기저기서 들려오는 소식에 따르면, 트럼프 행정부의 국방 전략의 핵심 내용은 인도 태평양 지역 전체에 걸쳐서가 아니라 중국 봉쇄에 초점을 두고 있다는 점이다. 특히, 3월에 발표된 잠정 국방 전략지침처럼 콜비의 전략적 사고가 반영된다면, 국방 전략은 강경한 대중 봉쇄 입장으로 핵무장을 한 초강대국 간 전쟁도 배제하지 않는 전략을 채택할 수도 있을 것이다. 이런 전제에서 곧 공표될 국방 전략을 통해 미국은 중국과 러시아를 억제하는 것이 아니라 중국을 제1차적 위협이자 경쟁자로 규정하고 인도 태평양 지역을 중심으로 중국 봉쇄를 위한 군사력 구조와 준비 태세를 재조정해 나갈 것이다. 또한 국방 전략에서는 중국과의 경쟁은 단지 인도 태평양 지역에만 국한된 게 아니라 글로벌 차원에서 진행될 거라는 점도 강조할 것이다.

미국은 전쟁까지 가정하면서 중국을 군사적으로 봉쇄하기 위해 인도 태평양 지역에서 전쟁 수행 능력을 재조정해 나갈 것이다. 그 과정에서 미국은 장거리 전투 능력 확보, 글로벌 차원의 군사력 유지와 이동 그리고 주요 군사기지와 통신선 확보를 중시하게 될 것이다. 이러한 군사력 구조와 재조정은 세계적 차원에서 진행될 것이며, 미군의 전략적 유연성과 주요 지역별 미군 감축을 동반할 것이다. 특히, 트럼프 행정부는 인도 태평양 지역에서 중국과 북한으로부터의 위협을 개별적이 아니라 동시적 안보 문제로 인식할 것이다. 트럼프 행정부의 국방 관련 관계자들이 북한 위협에 대해 한국이 주도적으로 대응해야 한다고 주문하는 것도 이러한 인식에서 나오는 것이다. 이런 점에서 트럼프 행정부는 한국 안보의 한국화를 유도하면서 인도 태평양 지역의 중국과 북한 위협에 대해 한국과의 전략적 분업을 그리고 있다.

격자형 동맹체제 강화

트럼프 행정부의 인도 태평양 전략에서 지난 바이든 행정부 당시 구축된 격자형 동맹체제가 더 강화될 것이다. 그 배경에는 인도 태평양 지역에서 중국을 봉쇄하기 위한 미국의 안보 공약 강화와 수행 능력 간 존재하는 전략적 모순 때문이다. 예를 들면 미국의 조선 능력은 2025년 현재 세계 시장 점유율의 0.1%에 불과하나 중국은 46.6%를 차지―중국은 미국의 230배에 달하는 조선 능력을 보유―하고 있어 장기간 대결에서 해군력을 유지할 수 있는 능력에 엄청난 불균형이 존재한다. 이러한 격차는 심각한 위험을 내포하고 있지만, 당분간 미국은 격자형 동맹체제 강화를 통해 미국의 해군력 열세를 보완할 것이다. 물론, 인도 태평양 지역에서 격자형 동맹체제가 중국의 영향력 확장을 효과적으로 억지할 수 있을지는 여전히 불확실하다. 하지만 격자형 동맹체제 강화는 냉전 종식 이후 지역 안보 협정의 가장 중요한 재구조화를 의미한다. 트럼프 행정부는 인도 태평양 지역에서 동맹 현대화 정책을 추진하면서 격자형 동맹체제를 통해 중국을 억제하고자 한다.

트럼프 행정부가 강화하고 있는 격자형 동맹체제는 인도 태평양 안보 구조에서 더 광범위한 구조적 변화를 내포하고 있다. 즉, 미국의 동맹체제는 중심축과 바퀴살(hub-and-spoke) 모델에서 벗어나 지역 안보에 대한 그물망 접근법으로의 근본적으로 변환하고 있다. 격자형 동맹체제는 미국과 동맹국 간 단순히 질서 구축을 위한 플랫폼이 아니라 여러 조정 및 기능 노드와 함께 더 복잡하게 얽힌 안보 네트워크를 생성해 내고 있다. 이러한 변화는 미국의 전략적 방향을 준수하는 동맹국들이 더 자율적인 입장에서 미국을 우회하는 새로운 안보 협정의 확산에서 분명하게 드러나고 있다. 예를 들면, 일본과 호주 및 필리핀의 방위 협정 그리고 일본과 인도 간 새로운 안보 관계는 모두 미국의 즉각적인 개입과 관계없이 기능하는 직접적인 파트너 대 파트너 관계이다. 특히, 지난 바이든 행정부 당시 비공식적으로 형성된 스쿼드(미국, 일본, 호주, 필리핀)라는 별명을 가진 사변형은 남중국해 해역의 해양 안보에 초점을 맞춘 특화된 안보 협력체이다. 광범위한 지역 문제를 다루는 쿼드(미국, 일본, 호주, 인도)와 완전히 다른 차별성을 갖는다.

    미국은 해양력 쇠퇴와 대중 봉쇄라는 전략적 초점 간 격차를 메꾸는 수단으로 동맹국을 적극 활용하는 트럼프 행정부의 전략은 퍼거슨 한계와 패권 축소에 입각한 전략 기조와 부합한다. 따라서 트럼프 행정부는 동맹국에 책임을 전가하는 동시에 책임 분산을 통해 대중 봉쇄를 추진코자 한다. 곧 구체적으로 드러날 동맹 현대화 작업이 이와 직결되어 있다.

CHAPTER 15

나토의 대중(對中) 인식, 체제적 경쟁자에서 안보 위협자로

○   1949년 나토가 탄생할 당시 동맹의 최우선적 임무는 서유럽에 대한 소련의 위협을 내쫓는 것이었다. 동맹 탄생 75년이 지난 2024년 상황에서 나토의 핵심 임무는 러시아의 안보 위협을 막아내고 글로벌 질서 경쟁에서 중국과 러시아 등 권위주의 세력을 물리치는 것으로 바뀌었다.

글로벌 질서 형성자로서의 중국

오늘날 중국은 개혁개방 45년을 거치면서 건국 초기 죽의 장막이라는 폐쇄적 대국에서 중국의 입맛에 맞는 새로운 국제질서를 창출하고자 하는 글로벌 질서 형성자로 성장했다. 특히, 중화민족의 위대한 부흥을 국가 비전으로 채택하고 출범한 시진핑의 중국은 러시아와 전략적 제휴 관계를 강화했다. 이를 바탕으로 중국은 미국 주도의 규칙 기반 국제질서는 중러 양국과 비서구권 국가들에 불리한 불공정 질서라는 점을 공개적으로 언급했다. 중국과 러시아는 대안적 질서로 내정불간섭과 국가 발전의 다양성을 중시하는 다극화된 국제질서를 모색하고 있다. 중국은 글로벌 질서 경쟁을 통해 냉전 종식 이후 일반화된 자유주의 국제질서의 대체보다는 자유주의 국제질서에서 일정 영역을 중국 중심의 질서로 만들고자 한다.

중국에 대한 나토의 인식 변화

2019년 12월 런던 정상회담에서 나토 역사상 처음으로 중국 문제가 공식적인 주요 의제로 다루어졌지만, 1949년 10월 중화인민공화국 건국 이후 나토는 비공식적으로 중국 문제를 다루어왔었다. 나토가 중국 문제를 공식적으로 다루기 이전의 70년 역사에서 중국에 대한 나토의 인식은 적대적 국가 인식에서 출발하여 중국과의 협력을 장려하는 전략적 제휴 국가 그리고 적성국도 협력국도 아닌 모호한 관계 등의 인식 변화를 보여주었다. 이러한 인식 변화는 당시 국제정세의 특징과 중국의 대외 행태의 성격 그리고 나토의 내부적 변화 등이 복합적으로 작용해서 나타난 결과였다.

1950년대와 60년대 한국전쟁과 베트남 전쟁을 계기로 중국에 대한 나토의 인식은 적대적 국가였고 나토의 유럽 동맹국은 이러한 전쟁에 연루될지도 모른다는 우려감을 보이기도 했다. 1970년대 이후 냉전이 종식될 때까지 소련의 팽창주의를 막기 위해 나토와 중국은 상호 협력관계를 강조했다. 냉전 종식 이후 2001년 9·11 테러를 계기로 나토와 중국의 접촉이 진행되었다. 2002년 10월 라스무센 당시 나토 사무총장과 중국 당국자와의 만남을 계기로 나토와 중국은 아프가니스탄 카불에 연락사무소를 개설하고 상호 관심 사항을 논의하였다. 2007년 중국 외교부의 나토 본부 방문과 2010년 6월 중국 군부의 나토 본부 방문을 계기로 나토와 중국은 정례적 접촉 양상을 보였다. 그러나 미국과 중국의 관계 악화로 이러한 정례적 접촉도 불투명해졌다. 나토와 중국의 관계에서 한 가지 특이한 점은 나토가 다른 국가와의 관계에서 볼 수 있었던 위원회나 파트너 관계를 중국과는 맺지 않은 것이다.

2019년 12월 런던 정상회담을 시발점으로 나토의 핵심 의제에서 중국 문제가 차지하는 중요성과 빈도는 점점 커져만 갔다. 2021년 6월 브뤼셀 정상회담을 통해 나토는 러시아와 중국의 권위주의 세력으로부터 다면적 위협과 글로벌 경쟁에 직면했다고 공식 표명했다. 2022년 6월 마드리드 정상회담을 통해 나토는 러시아를 나토에 대한 중대하고 직접적인 위협으로, 중국을 글로벌 수준에서 서방의 가치에 도전하는 체제적 도전으로 규정했다. 2024년 7월 워싱턴 정상회담을 통해 나토는 중국을 러시아가 우크라이나 전쟁을 계속 수행할 수 있게 도와주는 결정적 조력자로 규정하고 비공식적으로는 나토에 대한 안보 위협자로 인식했다. 2019년 이후 중국을 바라보는 나토의 인식은 체제적 경쟁자에서 체제적 도전자로 바뀌었고 이제는 체제적 도전자를 넘어 규칙 기반 국제질서를 위협하는 안보 위협자로 전환되었다.

중국의 글로벌 도전과 안보 위협

그렇다면, 나토는 어떤 점에서 중국을 글로벌 도전자나 안보 위협자로 인식하고 있는가? 나토의 관점에서 나토가 중시하는 중국의 체제적 도전과 안보 위협은 크게 3가지 차원으로 구분할 수 있다. 즉, 글로벌 영역, 유럽 대서양 지역, 인도 태평양 지역으로 나누어 볼 수 있다.

첫 번째 영역은 글로벌 차원이다. 글로벌 차원에서는 미국 중심의 규칙 기반 국제질서 반대, 지구적 공공재에 대한 중국의 일방적 권리행사 등과 관련이 있다. 중국은 우주 공간을 군사화하고자 하는 우주 정책을 펼치고 북극 지역에서 강화되고 있는 중국의 활동은 항행의 자유, 정보의 자유 그리고 북극 안보 등을 위협할 수 있다. 중국의 핵무기 증강은 미국과 러시아의 군비통제 협정을 복잡하게 만들고 군비통제가 부재한 군비증강의 가속화를 초래한다. 러시아와의 전략적 제휴 강화와 우크라이나 전쟁 관련 러시아의 결정적 조력자로서 중국은 국제 안보의 불안정성을 증폭시키고 있다. 또한 중국의 인권 유린과 공세적 외교 행태, 잘못된 정보 남용과 불공정 무역과 투자 행태 등도 규칙 기반 국제질서를 위태롭게 하고 있다. 나아가 중국은 일대일로를 통해 유라시아와 아프리카 지역 국가들을 경제적, 기술적으로 의존토록 해 이 지역에서 영향력을 행사하고 또한 다른 지역으로 영향력을 행사할 수 있는 교두보를 확보하는 행위 등이다.

　　두 번째 영역은 유럽 대서양 지역 차원이다. 여기에서는 중국의 기술적 진보와 그에 따른 안보적 함의에 대한 우려 그리고 경제적 영향력 확대 등이 있다. 중국은 5G 텔레커뮤니케이션 하부 구조 공급자로 부상한 화웨이(Huawei)를 통해 유럽 국가들의 커뮤니케이션 네트워크에 접근할 수 있다. 나토는 향후 중국이 군사적 함의를 내포하고 있는 지휘통제 커뮤니케이션 분야에서 기술적 지배를 추구하는 국방 관련 기술을 획득할 수 있다고 우려한다. 일대일로를 활용하여 유럽의 하부 구조(몬테네그로의 고속도로 건설, 그리스와 튀르키예 항구 단지 등)와 기술에 투자하고 유럽 국가들이 이에 의존하게 됨에 따라 유럽과 북대서양 안보는 중국의 영향을 받을 수밖에 없다. 또한 중국은 유럽의 전략적 항구, 텔레콤, 전력망, 방산 관련 공급망에 투자하고 있다. 15개국 이상의 유럽 국가들이 중국의 일대일로와 관련된 협약에 참여하고 있어 유사시나 갈등 시기에 중국에 대한 경제적, 기술적 의존은 유럽의 정책 결정과 나토의 작전에 영향을 미칠 수 있다.

세 번째 영역은 인도 태평양 지역 차원이다. 무엇보다 대만에 대한 무력 통일에 대한 우려, 남중국해의 90%에 해당하는 영역에 대한 중국의 영유권 주장, 동중국해에서 일본과의 영유권 다툼에 따른 갈등은 유럽에 중요한 함의가 있다. 유럽 국가들은 여전히 동아시아 지역의 안정과 경제성장에 중대한 이해관계를 가지고 있다. 지구적 공공재에 대한 중국의 일방적 권리행사는 이 지역의 안정에 부정적 영향을 미친다. 대만 독립에 대한 중국의 위협은 미국과 중국의 직접 충돌을 일으킬 수 있는 중차대한 안보적 사안으로 유럽 국가들과 나토의 관여를 촉발할 수 있다. 또한 한반도 안보 관련 북·중 협력 강화와 한반도에 대한 중국의 영향력 확대 등이다.

중국의 의도나 입장과 상관없이 중국의 대외적 행태에 대한 이러한 나토의 인식은 글로벌 질서 경쟁과 맞물려 더욱 강화되고 있다. 나토는 유럽 대서양 지역과 인도 태평양 지역의 지리적 연결성을 강조하면서 동맹국과 우군 결집에 나서면서 중국과 체제적 경쟁에 임하고 있다. 중국 역시 마찬가지다. 유럽에 기반한 러시아와 전략적 제휴를 강화하고, 브릭스(BRICS)의 확장 및 상하이협력기구(SCO)를 매개로 중앙아시아와 남아시아 지역의 지정학 연결성을 강조하면서 글로벌 질서 재편을 모색하고 있다.

중국발(發) 안보 위협의 성격

글로벌 질서 재편을 둘러싼 나토와 중국의 체제적 경쟁은 과거 미국과 소련 간에 형성되었던 냉전 구도와는 확연히 다르다. 특히, 나토가 인식하고 있는 중국의 체제적 도전의 성격은 이전에 나토가 경험했던 안보 위협과는 매우 다른 모습과 성격을 갖고 있다. 다양한 영역과 수준에서 진행되고 있는 중국의 영향력 확장은 단기적으로 그리고 직접적으로 나토에 대한 안보 위협이 아니다. 즉, 중국은 글로벌 차원에 걸친 영향력 확장을 통해 기존의 규칙 기반 국제질서와 이를 직간접적으로 지탱하는 유무형의 규범과 가치 그리고 다양한 제도를 재편하고자 하는 의도가 있다. 하지만, 중국은 러시아의 우크라이나 침공처럼 직접적이면서도 무력을 통해 나토의 안보 위협으로 작동하지는 않는다. 나토가 글로벌 질서 재편을 모색하는 중국의 체제적 도전에 대응하기 위해서는 다양한 영역에서 상당한 시간을 들여 대응해 나갈 필요가 있다. 나토는 중국의 글로벌 도전에 대응하기 위해 정치적, 외교적, 경제적, 인도주의적 그리고 군사·안보적 측면에서 체계적이고 종합적인 대응책을 마련해야 한다.

NORTH

ATLANTIC

TREATY

ORGANIZATION

THE

TRUMP

ADMINISTRATION

THE

KOREAN

PENINSULA

P A

R   T

4

**강자와 자강의 시대,
한반도 평화 안보**

CHAPTER 16

국익 중심 실용 외교와 안보 동맹 정책

트럼프 행정부 출범 이후 국제 정세는 커다란 지각변동을 일으키고 있다. 트럼프 행정부의 동맹국에 대한 방위비 증액 압박과 무차별적인 관세 정책은 정치, 경제 그리고 동맹 등 거의 모든 분야와 영역에 걸쳐 기존 국제질서의 급격한 재편을 추동하고 있다.

실용주의 외교의 시대적 요청

미국의 단극체제를 뒤로하고 다극화 현상이 강화되는 국제 정세에서 미국과 중국, 러시아와 유럽연합은 치열한 세력 경쟁을 펼치면서도 상황과 쟁점에 따라 협조가 동반되는 강대국 외교 정치를 구사하고 있다. 이에 따라 다른 주요 국가들은 약소국의 이익이 희생될 수 있는 강대국 협조에 대비하여 전략적 자율성을 중시하면서도 강대국들의 상호 경쟁을 활용하여 국익을 증진하기 위한 탄력적이면서도 실용적인 외교 안보 정책을 꾀하고 있다. 강대국의 시대이자 전략적 자율성을 중시하는 자강의 시대가 병존하는 오늘날의 국제정세에서 명분과 이념에 매몰되지 않고 상황 변화에 유연하며 탄력적으로 대응할 수 있는 외교의 중요성이 커지고 있다.

이러한 시대 상황에서 실용주의 외교는 오늘날 국제정세의 흐름에 부합한다. 이재명 정부의 대외정책 기조라 할 수 있는 국익 중심 실용 외교는 강대국 시대의 거센 외풍을 막아내는 튼튼한 바람막이 외투이자 안전하고 평화로운 대한민국 건설을 위한 대외정책의 단단한 디딤돌이 되어야 한다. 참고로, 지난 이명박 정부의 성숙한 세계국가에서 제시한 창조적 실용주의는 대미 의존 지향의 편승 외교로 상황 변화에 유연하고 탄력적으로 대응할 수 없었다. 결과적으로 지난 이명박 정부에서 강조한 창조적 실용주의는 위선적이고 개념을 오용한 가짜 실용주의 외교에 지나지 않았다.

실용주의 외교의 주요 특성

실용주의 외교의 철학적 기반은 미국에서 탄생하여 발전해 온 실용주의(Pragmatism)에 바탕을 두고 있다. 실용주의 사고의 기본 원칙은 이상적이고 담대한 이론보다는 사회가 직면한 구체적인 문제들에 집중하면서 이를 분석하고 문제 해결을 지향하는 것이다. 또한 실용주의 관점에서 현실에 대한 인간의 인식은 본질적으로 불완전하고 불확실해서 새로운 증거에 따라 언제든지 변화할 수 있다. 물론, 신념이 종종 필수적 역할을 한다고 믿는다. 그러나 실용주의 철학은 가장 유용하고 신뢰할 수 있는 준거로 경험을 중시한다. 실용주의 관점에서 변화는 원래 본성적인 것이지만 그러한 변화는 인간 사회의 퇴보가 아니라 진보를 위해서 이루어져야 한다. 인간 행동의 모든 영역에서 바람직한 방향으로의 변화 가능성을 믿는 실용주의는 능동적인 실천을 통해 미래를 향해 나아가는 원동력이다.

실용주의 철학에 바탕을 둔 실용주의 외교는 다원주의 세계를 강조한다. 어떤 특정의 이론 체계만으로는 세상을 완전히 설명할 수 없어 탈이념을 지향한다. 따라서 실용주의 외교는 다양한 이데올로기를 혼합하여 이념적 유연성과 탄력성을 중시하면서 목표 달성을 지향한다. 또한 현재 및 미래 외교 문제 해결 지침으로 경험을 중시한다. 경험은 믿음의 효용성을 결정하는 최선이자 유일한 준거 기준이다. 그러므로 국제관계를 바라보는 관점이나 시각에 있어서 우리에게 익숙한 현실주의가 힘과 안보, 자유주의는 상호 의존과 국가 간 관계 그리고 구성주의가 사회적 관계와 정체성을 강조한다면, 실용주의는 경험에 기초한 문제 해결과 진보적 변화를 강조한다.

실용주의 외교는 진화적 변화와 점증주의를 선호하고 혁명적이고 급격한 변화나 현상 유지를 지양한다. 실용주의 외교는 변화하는 환경에 끊임없는 적응 과정을 중시한다. 이런 점에서 때때로 실용주의 외교는 기회주의나 편의주의라는 비판을 받으나 이는 일관되고 고정된 이론 체계를 거부하는 실용주의 철학에 바탕을 둔 실용주의 외교를 제대로 이해하지 못한 데에서 비롯된 것이다. 나아가 실용주의 외교는 외교정책의 목표와 수단의 연속체를 강조한다. 즉, 실용주의 외교는 외교정책 목표와 수단을 구분하는 것에 회의적이며 정책 목표와 수단 간 조화를 중시하고 무한정의 외교정책 목표를 경계한다. 특히, 실용주의 외교는 국가의 외교 목표는 매우 다양한 원천에서 파생되며, 이는 항상 논리적으로 일관되거나 양립할 수 있는 게 아니라고 본다. 따라서 실용주의 외교는 현실주의의 기본 원칙인 국가 안보에도 지대한 관심을 둔다.

실용 외교의 근간은 중추적 안보 정체성

실용주의 철학에 바탕을 둔 국익 중심 실용 외교를 구체적으로 살펴보면 다음과 같다. 먼저, 국가이익이다. 즉, 국익은 중요도와 시급성에 따라 우선순위에 따른 등급이 매겨

진다. 일반적으로 국익의 등급은 사활적(핵심적) 국익, 중요한 국익 그리고 일반적 국익 등으로 구분된다. 이재명 정부에서 가장 우선시해야 할 사활적 국익은 국내적으로는 민주주의 수호와 국민통합, 국민의 먹고사는 문제 해결이다. 대외적으로는 주권과 영토 수호, 평화로운 한반도 수호와 선린의 이웃 관계를 구축하는 걸로 설정할 수 있다.

강대국 경쟁 시대와 자강의 중요성이 강조되는 시대 상황에서 이재명 정부의 실용 외교가 제대로 자리를 잡고 기능하기 위해서는 주권자인 국민의 바람과 의지를 고스란히 반영하고 이를 국가 의지로 표출시킬 수 있는 새로운 외교 안보 정체성 구성이 필요하다. 외교 안보 정체성은 국제무대에서 안보 행위자로서 국가가 어떤 방식으로 자신을 조직하고 정의하며, 대외정책 관련 목표와 역할을 어떻게 설정할 것인가의 문제이다. 한 나라의 외교 안보 정체성은 국제관계에서 그 국가의 존재 이유, 국가 위상과 국격 그리고 국가의 대외정책 방향과 불가분의 관계에 있어 외교 안보 패러다임의 정수이자 전략의 핵심적 요소이다.

이런 점을 반영하여 국익 중심 실용 외교는 중추의 외교 안보 정체성을 근간으로 구성되어야 하며, 진짜 중추 국가 대한민국의 국가 의지를 반영해야 한다. 중추란 사물의 중심이 되는 자리 또는 핵심 부분을 의미하는 것으로 중추의 전략적 함의는 우리의 운명은 우리 스스로가 개척해 나가겠다는 자기결정의 원칙이다. 중추 국가는 스스로가 중심을 잡고 전략적 자율성을 중시한다. 중추 국가는 시시각각 변화하는 대외 환경에 능동적으로 대처하여 국익을 증진하고 동맹 협력을 강화하더라도 지나치게 강대국에 의존하는 것은 지양한다. 지난 윤석열 정부는 글로벌 중추 국가를 대외정책 기조로 내세웠다. 그러나 윤석열 정부는 미국이라는 강대국 진영에 자발적으로 편승하여 전략적 자율성은 고사하고 그나마 갖고 있던 세계적 중견국이라는 한국의 위상과 이미지를 추락시켰다. 윤석열 정부가 내세운 글로벌 중추 국가는 중추 국가 개념의 오용이자 가짜의 위선적 중추 국가였다. 지구상의 어떤 중추 국가도 자신의 자율성을 져버리고 기꺼이 자발적으로 강대국에 편입한 나라는 없다.

  2025년 6월 4일 국민주권 정부를 표방한 이재명 정부가 출범했다. 이재명 대통령은 취임 연설에서 "국익 중심의 실용 외교를 통해 글로벌 경제·안보 환경 대전환의 위기를 국익 극대화의 기회로 만들고, 굳건한 한미동맹을 토대로 한미일 협력을 다지고, 주변국 관계도 국익과 실용의 관점에서 접근하겠다"는 점을 피력했다. 현실의 국제관계에서 이재명 대통령이 제시한 국익 중심 실용 외교가 제대로 자리를 잡고 효용성을 최적화하기 위해서는 다음과 같은 상황에서 능동적으로 대처할 수 있는 전략적 나침반을 마련해야 한다.

한반도와 동북아 주변 지역 그리고 국제 경제와 안보 분야에서 미국과 중국의 용쟁호투 양상의 치열한 경쟁이 전개되고 있다. 이러한 강대국 경쟁 구도는 국익 중심 실용 외교를 전개하는 데 커다란 도전 요인이 되고 있다. 따라서 국익 중심 실용 외교가 제대로 작동하여 최적의 효과를 얻기 위해서는 우리 외교의 내적 원칙이 설정되어야 한다. 즉, 우리의 외교 안보의 초점과 무게중심은 미국이냐 중국이냐, 전략적 모호성, 전략적 명확성이냐와 같은 단순하고 이분법적 진단을 삼가야 한다. 핵심 관건은 미국이나 중국 등 강대국 외교정책과 강대국 경쟁 구도에 대해 우리의 전략적 자율성이라는 자강 부분을 어떻게 가져갈 것인가이다. 요컨대, 강대국 경쟁 구도가 확대되고 심화되는 상황에서 국익 중심 실용 외교가 제대로 작동하기 위해서는 우리가 미국과 중국을 상대로 외교를 전개할 때 우리의 전략적 자율성 부분을 어떤 비율로 배합하고 어떤 분야와 영역에서 자강을 중시할 것인가가 중요하다.

호혜적 동맹관계 구축

이러한 전략적 고민과 판단은 이재명 정부의 안보 동

맹 정책에서 가장 중요하다. 트럼프 행정부가 대중 봉쇄의 수단으로 한미동맹의 현대화와 책임 전가를 요구하는 상황과 굳건한 한미동맹이 이재명 정부 외교의 기본 축이라는 점에서 더더욱 그렇다. 이재명 정부에서는 트럼프 행정부의 동맹 정책과 변화된 안보 환경을 반영하여 안보 자율성을 강화하는 가운데 동맹 협력을 도모해야 한다. 역대 정부가 습관처럼 한 것처럼, 단순히 군사력 위주의 동맹 강화가 아니라 동맹의 정책협의 기능을 활성화해야 한다. 동맹의 목표와 역할과 관련하여 서로의 이해관계를 조정하고 일방이 아닌 동맹의 호혜성을 키워 우리의 안보 자율성을 확대해 나가면서 동맹 협력을 강화할 수 있는 기반을 다져야 한다.

　　　동맹의 호혜성은 한미 양국의 고유한 국익을 상호 존중하는 가운데 상황에 따른 동맹이익의 영역과 종류에 대한 활발한 협의를 통해 호혜적이고 건강한 동맹관계를 지향하는 것이다. 특히, 군사력 중심의 한미동맹 강화를 무조건적 국익으로 인식하는 일차원적 사고를 지양하면서 한반도 역외 군사 분쟁에 참여하는 것을 경계해야 한다. 이는 국익 중심 실용 외교의 기조에도 부합하지 않는다. 더군다나 동맹의 역할 확장으로 우리는 국가 능력과 관여(수단) 간 불일치로 알려진 리프만 격차(Lippmann Gap)라는 안보 딜레마에 빠질 수 있다. 국익 중심 실용 외교의 최적화를 위해서는 이러한 문제 발생을 사전에 방지하고 또한 경계해야 한다.

CHAPTER 17

동맹 재조정, 노무현의 기억과 이명박의 전략동맹

○ 트럼프 행정부는 인도 태평양 전략의 핵심 요소로 바이든 행정부 당시 구축된 격자형 동맹체제를 강화하고 있다. 트럼프 행정부는 격자형 동맹체제를 강화하는 방안의 일환으로 동맹 현대화를 적극적으로 추진해 나갈 것으로 전망된다. 일례로, 지난 7월 18일 도쿄에서 열린 한미 외교 차관 회의에서 미국은 한미 상호 방위조약을 인도 태평양 전략에 확대 적용하여 대만 유사시 한국의 역할을 주문했다. 이러한 미국의 요구는 동맹 현대화라는 이름으로 동맹 재조정을 암시한 것이다.

미시적·거시적 동맹조정

동맹조정은 크게 미시적 동맹조정과 거시적 동맹조정으로 분류할 수 있다. 미시적 동맹조정은 동맹의 적대 세력과 목표에서 인지적·정책적 변화를 동반하지 않는 가운데 동맹의 변화를 추진하는 것이다. 미시적 동맹조정은 보통 주둔군 지위협정(SOFA)의 변화, 방위비 분담 비율 및 방식의 변화, 기지 이전, 주둔 군사력의 증감, 군사 전력의 재배치 등의 변화를 보인다. 지난 냉전 시대 북대서양조약기구(NATO), 한미동맹, 미일 동맹 등에서 간헐적으로 진행되었던 동맹조정이 이에 해당한다고 할 수 있겠다. 반면, 거시적 동맹조정은 동맹의 적대 세력과 동맹 목표의 인지적·정책적 변화를 수반하는 가운데 동맹의 새로운 정체성을 모색·정립해 나가는 구조적 동맹 변화를 수반하는 것이다. 거시적 동맹조정은 보통 국제적 안보 환경의 커다란 변화와 맞물려 발생한다. 거시적 동맹조정은 기존의 위협 인식과 동맹 목표의 수정·변화, 동맹의 군사구조 변화, 주둔군 군사 전력 및 동맹의 역할 변화 등으로 나타난다. 거시적 동맹조정의 사례로는 냉전 종식 이후 중·동유럽 국가들을 새로운 회원국으로 받아들이는 확대 정책과 직간접적으로 맞물려 진행되었던 나토의 동맹 재조정 과정을 들 수 있다.

  트럼프 행정부의 인도 태평양 전략과 동맹 현대화 작업은 불가피하게 인도 태평양 지역 동맹국의 미시적이면서도 거시적인 동맹 재조정을 예고하고 있다. 한미동맹도 예외가 될 수 없다. 이미 국내외적으로 한미동맹 재조정에 관한 이야기들이 여기저기서 나오고 있다. 앞으로 진행될 한미동맹 재조정이 한반도 평화 안보를 더욱 공고히 하고 원만하고 성공적으로 끝나기 위해서는 지난 노무현 정부와 이명박 정부에서 추진되었던 한미동맹 재조정과 한미 전략동맹의 경험을 반드시 기억하고 유의미한 교훈과 전략적 시사점을 얻어야 한다.

노무현 대통령의 이중적 동맹 인식

지난 노무현 정부 당시 한미동맹에 대한 노무현 대통령의 인식은 이중적이었다. 한미동맹에 대한 노무현 대통령의 인식과 관련해서 한 축에는 현실적 맥락을 중시하는 동맹 자체에 대한 인식과 또 다른 축에는 노무현 정부의 안보 정책 구상과 전략 기조와의 연관성을 중시하는 정책적 인식이 존재했다.

현실적 맥락을 중시하는 동맹 자체에 대한 인식과 관련해서 노무현 대통령의 동맹 인식은 역대 정부의 최고 지도자의 그것과 큰 차이가 없다고 볼 수 있다. 일례로, 노무현 대통령은 취임사를 통해 "한미동맹은 우리의 안전보장과 경제 발전에 크게 기여해 왔습니다. 우리 국민은 이에 대해 깊이 감사하고 있습니다. 우리는 한미동맹을 소중히 발전시켜 나갈 것입니다. 호혜 평등의 관계로 더욱 성숙시켜 나갈 것"이라는 입장이었다. 또한 노무현 대통령은 2005년 7월 통일

외교 안보 자문위원 초청 간담회 자리에서 "대한민국 대통령이 한미동맹을 소중하게 생각하지 않으면 대통령의 임무를 원만하게 수행할 수 없습니다. 책임을 다할 수가 없습니다. 이 시점에서 한국의 가장 객관적인 안보 상황은 한미동맹 토대 위에서 모든 것을 풀어 가야 된다고 생각합니다. 한미 간의 신뢰도 그런 점에서 중요합니다"라는 입장을 피력했다.

한미동맹에 대한 노무현 대통령의 정책적 인식은 현실적 맥락과는 상당한 차이점을 보여주고 있다. 특히, 정책적 맥락에서 나타나는 노무현 대통령의 동맹 인식은 평화 번영 정책의 협력적 자주국방이라는 안보 전략 기조와 불가분의 관계를 맺고 있는 것으로 볼 수 있다. 한미동맹에 대한 노무현 대통령의 정책적 인식은 협력적 자주국방이라는 전략 기조와 부합, 평화 번영 정책 목표를 달성하기 위한 차원에서 한미동맹 활용 방안으로 전환되는 양상을 보였다. 한미동맹에 대한 정책적 인식은 동맹 그 자체보다는 주권 국가로서 한국이 가져야만 하는 국가 안보의 자주성에 대한 강조로 나타났다. 일례로, 노무현 대통령은 2005년 4월 국방부 업무보고 시 "제가 자주국방 하자 하니까 미국하고 그만두자는 애기냐고 합니다. 왜 그만두겠습니까? 세계 각국의 자주국방 하는 나라들이 동맹을 다 하고 있지 않습니까? 자주국방 하면서 동맹하는 것입니다"라는 입장이었다. 또한 노무현 대통령은 2003년 12월 전군 주요 지휘관 격려 만찬시에도 "저는 미국과 반감을 갖고 갈등을 빚고 싸워야 한다고 결코 생각하지 않습니다. 미국과는 긴밀히 협력해야 합니다. 그러나 한국의 국방은 적어도 한국군이 주도적으로 해야 합니다. 그래야 도움을 받더라도 떳떳한 것입니다. 도움을 안 받자는 것이 아니라 떳떳하고 당당하게 도움을 받을 수 있는 우리의 역량을 갖추자"는 입장을 피력하면서 자주국방의 필요성을 역설하였다.

동맹 강화와 전략적 자율성

한미동맹에 대한 노무현 대통령의 이중적 인식은 한국이 처해있는 안보 공간의 상황을 극복해 보고자 하는 강한 바람에서 연유한 것이다. 현실적 맥락을 인정하면서도 그것을 뛰어넘고자 하는 정책적 의지의 결합이었다. 이러한 노무현 대통령의 이중적 동맹 인식으로 노무현 정부의 동맹 재조정 전략 역시 이중적이었다. 노무현 정부의 이중적 동맹 재조정 전략은 현실적 맥락을 중시하는 동맹 자체에 대한 인식에 따른 동맹 강화 전략과 정책적 맥락을 중시하는 자신의 안보 정책 구상과 전략 기조에 따른 전략적 자율성 전략이었다. 동맹 강화는 원활하고 긴밀한 한미 협력관계를 중시하면서 미국과의 협의를 통해 차질 없는 동맹 재조정 과정을 추진해 나가는 것이었다. 전략적 자유성은 협력적 자주국방이라는 전략 기조와 구조적으로 맞물리면서 동맹 재조정 과정을 통해 어떻게 국가 안보의 자주성을 달성하느냐에 관한 문제였다.

동맹 강화는 현실의 안보 상황 및 미국과 동맹관계를 중시하여 주로 미국의 입장을 수용하면서 동맹 재조정을 추진하는 것이었다. 한미 양국 간 주요 현안이 되었던 정책 과제들은 한국군으로의 군사 임무 전환, 주한미군 재배치, 주한미군 기지 이전, 주한미군의 안정적 주둔 여건 보장 등이었다. 반면, 전략적 자율성은 협력적 자주국방이라는 전략 기조와 불가분의 관계에 있는 것으로 평화 번영 정책의 제반 목표들을 선순환적으로 뒷받침할 수 있는 전략적 판단에 따라 동맹 재조정을 추진하는 것이었다. 한미 양국 간 주요 현안이 되었던 정책 과제들은 동맹의 미래 공동 비전 설정, 동맹의 군사적 역할 규정, 전시작전통제권 전환, 전략적 유연성 문제 등이었다.

이중적 동맹전략에 있어서 노무현 정부가 상대적으로 중시했던 전략은 다름 아닌 전략적 자율성 전략이었다. 물론 이것이 동맹 재조정 과정에서 동맹 유지 및 강화전략이 하위적 수준이고 전략적 자율성 전략이 상위적 수준이라는 것을 의미하는 건 아니다. 동맹 재조정 자체가 한미 양국 모두에게 중차대한 국가적 현안이었고 동맹 재조정 과정이 일정 궤도로 올라선 이후 한미 양국은 크고 작은 수많은 정책 현안을 순차적이 아니라 동시·복합적으로 다루어야만 했다. 따라서 어느 한 쟁점에서의 양국 간 정책적 불협화음은 다른 정책 현안에도 영향을 미쳐 동맹 재조정 과정 시기를 지연시키거나 아니면 동맹 재조정 과정 자체를 위태롭게 만들 수도 있는 개연성을 갖고 있었다.

미시적 합의와 거시적 타협

노무현 정부에서 추진되었던 한미동맹 재조정은 한미 양국 모두에게 부분적 성과와 미완의 과제를 남겨둔 미시적 합의이행과 거시적 타협을 가져왔다. 이러한 결과가 도출된 배경이나 주요 원인은 다음과 같다. 먼저, 한미동맹 재조정 정책이 한미 양국의 변화된 국가안보전략에 바탕을 두고 추진되었다는 점을 고려했을 경우, 동맹 재조정 과정에서 노무현 정부가 보여준 한미동맹에 대한 정책적 인식과 전략적 자율성 전략은 한편으로는 한미 양국 간 갈등 표출의 직접적 원인으로 작용하는 동시에 다른 한편으로는 한국의 입장을 견지하고자 했던 정책적 의지로도 해석될 수 있는 부분이기도 했다. 노무현 정부는 동맹 재조정 과정에서 나타났던 크고 작은 정책 현안 중에서 자신이 추진하고 있는 평화 번영 정책의 방향과 합목적성을 갖고 있다고 판단되는 정책 현안들은 적극 수용·추진한 반면, 이와 맞지 않는다면 최대한 전략적으로 접근하여 미국의 동맹 재조정 정책과의 부조화에 따른 갈등을 최소화하고자 했다. 그러나 미국은 이러한 노무현 정부의 접근을 수용할 수 없었다. 거시적 동맹 재조정 과정은 미시적 동맹 재조정 때와는 달리 주요 문제를 둘러싸고 국내외적으로 많은 논란이 있었다. 결과적으로 거시적 동맹 변화에서 미국과의 합의 이행은 이미 구조적 한계를 노정하고 있었다.

두 번째 주요 원인으로는 동맹 재조정에 대한 노무현 정부의 이중적 전략에 있는 정책적 딜레마이다. 특히, 노무현 정부가 강조했던 전략적 자율성 전략이 제대로 작동하기 위해서는 무엇보다도 북핵 문제가 평화적으로 해결되어야 한다는 상황적 전제가 충족되었어야만 했다. 그러나 당시의 상황은 북핵 문제가 전략적 자율성 전략을 제약하는 요인으로 작용했을 뿐만 아니라 한반도 및 동북아 역학관계라는 상황 변수가 동맹 재조정 과정에서 강하게 작용했다는 점이다. 바로 이러한 측면은 한국의 전략적 자율성을 증진한다는 게 얼마나 어려우며, 또한 이를 추구하기 위해서는 주변 상황에 대한 전략적 판단 및 상호작용을 하는 강대국의 입장과 전략에 대한 면밀한 분석과 준비가 전제되어 있어야 함을 시사해 주는 대목이기도 하다. 북핵 문제 및 동북아 안보 환경의 불안전성은 한미동맹의 미래 공동 비전을 놓고 정치적으로 타협할 수밖에 없는 결과를 가져온 가장 중요한 요인 중의 하나로 작용했다. 그러나 이러한 제약 요인에도 불구하고 노무현 정부는 미시적 동맹 재조정에서 미국과 많은 합의를 이루었다. 또한 노무현 정부는 거시적 동맹 재조정에서도 미국과 동맹 갈등을 감수하면서 한국의 전략적 자율성을 높이고 거시적 동맹 재조정이 평화 번영 정책의 제반 목표들에 도전이 되는 것을 최소화하도록 강한 의지를 보여주고 상당한 노력을 기울였다.

이명박 정부와 전략동맹의 부정적 영향

미시적 합의와 거시적 타협이라는 동맹 재조정을 뒤로하고 이명박 정부에서는 거시적 동맹 합의를 통해 한미동맹을 전략동맹으로 변모시켰다. 한미 전략동맹은 2001년 9·11 테러 이후 군사변환에 따른 미국의 동맹전략과 『성숙한 세계국가』라는 이명박 정부의 외교 안보 비전으로 동맹의 역할 확대를 통해 국가의 위상을 높이고자 했던 한국의 동맹

전략 간 공통점 강조에 따른 합의의 결과였다. 이명박 정부에서 새롭게 출발한 한미 전략동맹은 한반도를 넘어 지역과 글로벌로 동맹 역할을 확장하는 것이었다. 즉, 이명박 정부의 한미 전략동맹은 ① 자유와 인권이라는 보편 가치의 구현을 위한 가치 동맹 ② 외교 안보, 경제, 사회문화를 아우르는 상호 의존의 신뢰동맹 ③ 한반도는 물론 동아시아와 세계의 평화와 번영에 기여하는 평화 구축동맹을 지향하는 것이다.

그러나 한미동맹의 새로운 정체성과 역할 확대는 다음과 같은 측면에서 한국의 안보 자율성에 의도하지 않았던 부정적 영향을 미쳤다. 먼저, 한미 전략동맹이 한국의 안보 자율성에 미친 가장 큰 부정적 영향은 우리 중심의 동맹전략 부재와 동맹에 대한 의존성 강화다. 새로운 동맹 정체성과 역할 확대를 지향하는 한미 전략동맹은 한미 공조 체제를 강화하더라도 남북 관계와 북핵 문제, 한중 관계, 미국과 중국의 경쟁 구도 등 한반도와 동북아 안보 환경의 유동성 등에 대한 전략적 대안이 있어야 했었다. 이러한 문제들에 대한 전략적 대안 부재로 한미 전략동맹은 한국의 안보 정체성을 모호하게 만들었을 뿐만 아니라 한반도와 동북아 국제정치에서 한국의 자율적 운신의 폭을 스스로 결박시키는 결과를 초래했다. 한미 전략동맹의 가장 핵심적인 문제점 중의 하나는 우리 중심의 동맹전략 부재로 한국이 처한 객관적 현실과 한국의 국가 능력 간 격차를 벌려 한국의 안보 자율성을 제약하고 동맹 의존도를 더 키웠다는 점이다.

한미 전략동맹의 두 번째 부정적 영향은 한국의 안보이익과 동맹이익을 동일시하는 착시현상을 강화했다는 점이다. 한미 전략동맹에서 한국과 미국은 각자의 고유한 국익과 동맹이익을 갖고 있다. 한국의 관점에서 한국의 안보 이익과 동맹이익의 공통점은 넓게 보아도 한반도와 동북아 영역이다. 그 외 지역에서의 이익 범주는 한국의 국익이라기보다는 동맹이익의 범주이다. 반면, 미국의 국익은 세계 차원으로 미국의 이익과 동맹이익이 동일시되는 지리적 영역은 기본적으로 넓고 포괄적일 수밖에 없다. 이런 점에서 한미 전략동맹에서 동맹 강화는 언제나 한국의 국익에 도움이 된다는 무조건적 동맹 숭배의식을 일반화해 동맹을 하나의 수단이 아니라 목적으로 변모시켰다.

한미 전략동맹의 세 번째 부정적 영향은 지역적·국제적으로 미국의 안보 동맹전략에 연루될 위험성을 높였다는 점이다. 한미동맹은 얽힘의 현상이지만 한미 전략동맹에 따른 정체성 변화와 동맹 역할 확장은 연루의 딜레마를 유발한다. 미국과 중국의 경쟁 구도에서 한미 전략동맹은 유사시 미국의 대중 균형 정책의 주요 수단으로 활용될 수 있는 여지가 크다. 또한 한미 전략동맹은 방위비 비용 증가와 역설적으로 동맹 갈등이 발생할 가능성을 높인다. 동맹 역할의 확장은 논리적으로 안보 활동 영역의 확대와 맞물리면서 방위비 비용의 증가를 초래할 수밖에 없다. 특히, 한미 전략동맹은 동맹의 목적 변화를 동반하고 있어 기존의 동맹 목적과 새롭게 추가되는 동맹 목적이라는 이중적 목적에서 파생되는 한미 양국의 부조화는 의도하지 않은 동맹 갈등을 주기적으로 표출시키는 주요 원인으로 작용한다.

한국의 현실과 객관적 능력의 과대 포장

한미 전략동맹은 한국의 현실과 객관적 능력을 과대 포장하여 한국의 안보 이익을 세계 차원의 공간에서 재설정함에 따라 군사동맹의 성격을 매우 포괄적인 성격으로 변모시켰다. 군사동맹의 성격이 포괄적 성격을 갖는다는 것은 논리적으로 모순일 뿐만 아니라 그로 인해 동맹의 전략적 논거가 모호해질 수 있고 합의 구축과 효율적 정책 결정이 더 어려워질 수 있다. 특히, 비대칭 한미동맹이 전략동맹으로 변화해 간다는 건 그에 따라 안보 활동 영역이 확장되면서 동맹의 강대국 미국은 더 큰 행동반경에 대한 통제력을 행사하고 동맹의 약소국인 한국은 국익과 동맹이익 간 격차가 더 커질 수 있는 문제점을 안겨준다.

한미 전략동맹에서 한국이 세계 차원에서 국익을 설정해도 한국의 사활적 핵심 이익은 대북 억제와 동북아 역내 안정과 불가분의 관계에 있는 평화 안보 문제이다. 한국의 영토적 방위라는 지정학 안보는 분단 현실이 극복되고 동북아 질서가 안정적으로 작동하기까지는 거의 불변인 것이다. 영토방위보다는 상대적으로 동아시아 지역에서 영향력 축소를 우려하고 중국의 위협에 방점이 놓여 있는 미국과는 달리, 예나 지금이나 한국의 핵심적이고 사활적 국익은 한반도와 동북아의 지정학 안보이다.

동맹 현대화, 접근방법과 전략적 대책을 준비해야

트럼프 행정부의 인도 태평양 전략의 근간인 중국 봉쇄와 동맹 현대화 정책을 고려했을 경우, 한미동맹 재조정은 정해진 전략적 과제임이 분명하다. 다만, 한미 양국이 언제 본격적으로 동맹 재조정을 추진할 것이냐의 시간상의 문제만 남아 있다. 앞으로 한국과 미국은 동맹 현대화 차원에서 미시적이면서도 거시적인 동맹 재조정을 놓고 협상과 협의의 시간을 가질 것이다. 이미 트럼프 행정부는 한국에 공식·비공식적이면서도 직간접적으로 미시적·거시적 동맹 재조정의 파편들을 요구 또는 제시하고 있다. 인도 태평양 지역에서 중국을 속도(조절) 위협으로 규정한 미국은 거시적 동맹 재조정 측면에서 한미동맹의 새로운 목표와 역할 확대 그리고 주한미군의 전략적 유연성 문제 등을 거론하고 있다. 또한 미시적 동맹 재조정 측면에서도 한국의 국방비와 주한미군 주둔 비용의 엄청난 증액, 주한미군의 전력 감축 등의 쟁점에서 변화를 모색하고 있다.

현재 상황에서 이재명 정부의 종합적인 국가안보전략이 마련된 것은 아니다. 어느 정도 시간이 지나면 종합적인 국가안보전략이 마련되어 공개될 것으로 예상되지만, 그와는 별도로 이제부터라도 다가올 동맹 재조정에 대한 만반의 준비와 대응책을 마련해야 한다. 특히, 거시적 동맹 재조정과 관련된 동맹의 새로운 목표와 동맹의 역할 확대 등에 대한 전략적 사고와 접근방법 그리고 대응 방안 등을 철저하게 준비해야 한다. 거시적 동맹 재조정의 쟁점과 내용 등은 한미동맹 그 자체의 변화뿐만 아니라 한반도와 주변의 안보 상황에 미치는 영향과 파장이 너무나 크고 중요하기 때문이다.

이와 관련해서 이미 미국은 중국을 위협으로 규정하고 한미동맹이 이에 대응하는 전략적 수단이 되기를 기대하고 있다. 그러나 한국의 관점에서 미국의 요구와 기대를 그대로 수용하기는 어렵다. 한국이 비록 미국과 굳건한 동맹관계라 할지라도 중국을 적이나 위협 세력으로 인식하거나 규정할 수는 없다. 중국 자체의 국제적 위상과 영향력, 한국과 중국의 지정학적 위치, 한반도에 대한 중국의 영향력 그리고 한국과 중국의 경제 관계와 규모 등을 고려해 보더라도 한미동맹을 위해 한중 관계를 적대적 관계로 가져갈 수 없는 것이다. 또한 한미동맹을 중시하더라도 한중 관계를 적대적 관계로 만들 이유가 없다.

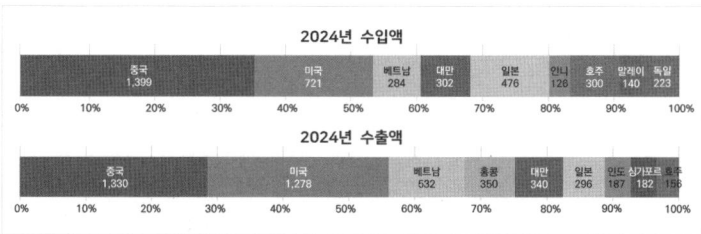

2024년 한국의 주요국 교역 현황(단위: 억 달러)

　　　　다가올 한미동맹 재조정은 이재명 정부의 안보 정책에서 가장 중요하고 힘든 전략적 도전이 될 것이다. 따라서 지난 노무현 정부와 이명박 정부 당시의 동맹 재조정과 한미 전략동맹의 경험을 새롭게 기억하고 이로부터 전략적 교훈을 도출해야만 한다. 미시적이면서도 거시적 동맹 재조정의 주요 쟁점과 그에 따른 전략적 대응책을 준비해야 한다. 이와 더불어 우리는 동맹 재조정과 관련해서 국내에서 벌어질 정치적 이념논쟁을 지양하고 자제해야 한다. 다가올 동맹 재조정과 관련해서 정치적 이념논쟁은 효율적이고 합리적인 한국의 동맹 재조정 접근과 전략을 저해하고 국론 분열을 일으켜 국가적 대사를 그르칠 수 있기 때문이다.

NORTH

ATLANTIC

TREATY

ORGANIZATION

THE

TRUMP

ADMINISTRATION

THE

KOREAN

PENINSULA

CHAPTER 18

한국의 나토 접근과 정책 방향

○ 한국이 나토와 안보협력을 모색할 수 있었던 계기는 유럽 이외의 지역 국가들과 안보협력을 강화할 나토의 필요성에서 비롯되었다. 2001년 9·11 테러 이후 비국가 행위자의 안보 도전이 부상함에 따라 2002년 프라하 정상회담을 계기로 나토는 유럽 역외 지역 국가들과의 안보협력 강화를 추진하였다. 그 과정에서 2006년 11월 리가 나토 정상회담을 앞두고 미국은 한국, 일본, 호주 등 아시아 태평양 국가를 초청하겠다는 의도를 내비쳤다. 그러나 유럽 국가들은 아시아 태평양 지역으로까지 나토 역외 활동을 확대코자 한 미국의 구상을 나토의 정체성이 모호해진다고 반대하였다. 아시아 태평양 지역으로 나토의 역외 활동을 확장코자 한 미국의 구상은 관철되지 못했다. 하지만 미국과 유럽 동맹국들은 리가 정상회담에서 나토는 유럽 역외 지역 국가들과의 안보협력을 추구하기로 합의했다.

한국-나토 안보협력의 역사적 궤적

2008년 4월 나토는 루마니아의 부쿠레슈티 정상회담을 통해 한국과 일본 등 아시아 태평양 국가들과 안보협력 강화를 재차 확인했다. 나토는 한국, 일본, 호주 그리고 뉴질랜드와 맞춤형 협력프로그램을 협상했다. 이를 계기로 2008년부터 한국은 나토와 정기적으로 고위급 정책협의회를 개최하였다. 2012년에 들어와 한국과 나토의 안보협력은 한층 발전하고 강화되는 양상을 보였다. 2012년 9월 한국은 나토와 안보협력 강화 차원에서 한국-나토 협력 문서로 개별 파트너십 협력프로그램(IPCP)을 체결하여 다양한 영역에서 나토와의 상호작용을 넓혀 나갔다. IPCP는 7개 협력 분야—정치군사 연결성, 사이버 방위, 비확산, 대테러, 상호운용성, 재난구호, 화생방—를 포함했다. 또한 IPCP는 안보 상황의 변화에 적응하기 위해 정기적 변화를 거치면서 상호 협력 확대를 발전시켜 나갈 수 있는 토대가 되었다. 한국은 IPCP를 통해 표준화와 병참 분야에서 나토 회원국과 상호운용성 플랫폼에 참여하였다. 2020년 이후 나토는 역외국가들과 파트너십 전반을 개혁하기 위해 기존의 협력프로그램을 개별 맞춤형 파트너십 프로그램(ITPP)으로 전환했다. 이를 통해 나토는 한국을 비롯하여 다른 파트너 국가와의 협력관계를 강화할 수 있는 기반을 더욱 공고하게 구축하였다.

2022년 6월 마드리드 나토 정상회담은 한국과 나토의 안보협력에 있어 중요한 전환점이 되었다. 왜냐하면 마드리드 정상회담을 계기로 나토와 인도 태평양 지역에 있는 나토 파트너 국가와의 안보협력이 한층 중요해졌기 때문이었다. 마드리드 정상회담에서 나토는 새로운 전략개념을 채택하고 유럽 대서양 안보와 인도 태평양 안보의 지정학 연결을 강조하면서 역사상 처음으로 인도 태평양 지역을 언급했다. 이를 계기로 한국, 일본, 호주, 뉴질랜드를 지칭하는 나토+IP4가 공식적으로 출범했다. 한국은 2023년 빌뉴스 정상회담에서 나토와 11개 분야—▲대화와 협의 ▲대테러 협력 ▲군축 비확산 ▲신흥 기술 ▲사이버 방위 ▲역량 개발·상호운용성 ▲상호운용성 실질 협력 ▲과학기술 ▲기후변화와 안보 ▲여성 평화 안보 ▲공공 외교—에 걸쳐 협력 과제를 체결했다.

군사동맹이 아니라
포괄적 안보 제도로 인식하고 접근할 필요

한국과 나토의 안보협력이 확대되어 가는 시점에서 트럼프 행정부가 출범했다. 트럼프 행정부 출범을 계기로 한국-나토 안보협력과 나토+IP4 위상은 한층 중요해졌다. 이러한 배경으로는 우크라이나 전쟁의 장기화와 유럽 안보의 유럽화를 추동하는 트럼프 행정부의 유럽 안보 정책 그리고 인도 태평양 지역에서 더욱 강화되고 있는 미국의 대중(對中) 봉쇄 전략 등이 복합적으로 작용하고 있기 때문이다. 따라서 트럼프 행정부 시대 한국의 나토 접근방법은 그 어느 때보다도 전략적이고 신중할 필요가 있다.

먼저, 한국은 나토와 안보협력을 추진할 때 나토를 전통적 군사동맹으로 인식하기보다는 느슨한 협력 형태인 다자적 안보 네트워크나 플랫폼으로 인식할 필요가 있다. 1949년 소련의 정치·군사적 위협으로부터 서유럽을 보호하기 위해 창설된 나토가 전통적인 다자적 군사동맹이라는 점은 두말할 필요가 없다. 그러나 지난 76년간 나토의 발전과 변화 과정을 살펴본다면, 나토는 군사동맹 이외 지역적·국제적 안보와 평화를 증진하기 위한 포괄적 안보 플랫폼이자 안보 네트워크라는 성격과 기능도 갖고 있다. 물론, 2022년 우크라이나 전쟁과 마드리드 정상회담을 계기로 군사동맹으로서 나토의 활동이 두드러지고 또한 중요해졌다. 따라서 나토를 전통적 군사동맹보다 하나의 포괄적인 안보 제도로 인식하고 그에 준하는 접근방법을 모색해야 한다. 즉, 나토의 정치적·경제적·안보적 장점 및 유럽 동맹국과 정치적, 안보적 협력과 정보 교환 등을 위한 플랫폼으로 활용하는 것이 중요하다.

오늘날 나토는 중국을 안보 위협 세력으로 인식하고 전통적인 군사동맹의 모습을 강화하고 있다. 중국을 봉쇄하기 위한 나토의 전략적 동기에 부합하여 나토를 전통적인 군사동맹으로 인식하고 접근한다면 한국은 인도 태평양 지역에서 나토와 중국 간 갈등 상황에 구조적으로 연루될 수밖에 없는 상황에 직면할 가능성이 매우 크다. 그렇게 된다면 한국과 나토의 안보협력 방향은 폭이 제한적일 뿐만 아니라 협력의 분야와 영역 그리고 협력에 따른 정책적 효용성도 기대에 미치지 못할 수 있다. 또한 전통적인 동맹 관점에서 나토와의 안보협력은 한미동맹과의 중첩성 문제를 가져와 우리의 전략적 자율성을 크게 제약하는 요인이 될 수도 있다. 동맹 관점에 따른 나토와의 안보협력은 자칫 잘못하면 한미동맹의 지역 동맹화를 초래하여 한반도의 평화와 안보를 우리 스스로 위태롭게 만드는 돌이킬 수 없는 전략적 실수를 범할 수 있다.

반면, 미국과 중국의 전략경쟁이 격화되는 상황이라 할지라도 나토를 포괄적 안보 제도로 인식하고 접근했을 경우, 한국은 동맹 딜레마에 따른 연루의 두려움을 크게 의식하지 않으면서 우리 주도의 전략적 방책을 마련할 수 있다. 한국은 나토를 다양한 분야에 걸쳐 소통과 협력을 위한 플랫폼으로 활용함으로써 한미동맹의 안보력—정보, 경제 안보, 신흥 기술 등—을 보강할 수 있다. 또한 인도 태평양 지역에 대한 한국과 나토 간 협력에 대한 전략적 동기가 서로 다르더라도 이 지역의 안정과 평화, 항행의 자유라는 목표 공유는 한국이 나토와 안보협력을 지속 추진할 수 있는 배경으로 작용한다.

방산 협력 네트워크 구축

한국의 첫 번째 나토 정책 방향은 국익 중심 실용 외교 차원에서 나토와 방산 협력 네트워크를 구축할 필요가 있다. 한국은 나토를 활용하여 유럽 동맹국과 방산 협력을 활성화할 수 있는 제도적 통로를 확보할 필요가 있다. 2022년에 시작된 우크라이나 전쟁의 장기전 양상과 유럽의 독자 안보화를 추동하는 트럼프 행정부의 유럽 안보 정책으로 유럽의 안보 지형은 상당 기간 유럽 동맹국들이 국방비 증액과 군비증강에 나설 수밖에 없는 형국을 맞이했다. 러시아에 인접한 폴란드와 발트 3국 등의 동유럽 국가들은 국방력을 증강하거나 우방국 및 동맹국으로부터 군비를 수입하는 국방정책을 전개하고 있다. 이러한 상황은 한국이 나토와 국방 협력을 통해 유럽으로 방산 수출을 할 수 있는 기회의 창을 크게 열어주고 있다.

한국은 2025년 6월 제35차 헤이그 나토 정상회담 당시 대통령 특사를 보내 나토와 안보협력을 추진하겠다는 의사를 밝혔다. 대통령 특사는 뤼터 나토 사무총장과의 회담에서 한국-나토의 적극적 방산 협력을 추진하기 위해 국장급 방산 협의체 신설에 합의했다. 9월에 공식적으로 출범한 방산협의체는 한국의 방산 수출이 유럽에 진출할 수 있는 좋은 발판이 될 것이다. 이를 계기로 한국은 나토의 방산 관련 주요 위원회 및 기관과 제도적 접촉을 통해 나토와 안보협력을 추진하고 이를 통해 우리의 우수한 방산 상품을 유럽으로 수출할 수 있는 방산 전략을 기획해야 한다. 이를 위해서는 물류 및 자원 지원과 밀접한 관련이 있는 나토 국제군사참모부(IMS)와 접촉 채널을 확보할 필요가 있다. 특히, 나토와 파트너 국가 관계를 다루는 파트너십과 협력안보위원회(PCSC) 및 국가군비이사회(CNAD)와의 접촉 및 협력 창구 마련이 중요하다. 이들 나토 위원회는 나토 파트너 국가와의 안보협력 및 군비 분야 주요 문제들을 다루는 주요 조직이다. 이들과의 협력 관계 구축은 우리의 방산 수출 전략에 유익한 제도적 통로가 될 것이다.

나토+IP4(한국, 일본, 호주, 뉴질랜드) 발전 방향

지난 2024년 7월 워싱턴 정상회담을 계기로 나토는 중국을 안보 위협자로 인식하고 인도 태평양 지역에서 중국 봉쇄를 위해 IP4 국가들과 안보협력 강화를 도모해 왔다. 방위비 분담 등으로 미국과 유럽 동맹국 간 갈등과 대립에도 불구하고 나토는 한목소리로 IP4와의 안보협력을 강조하고 있다. 트럼프 시대에 들어와 IP4의 위상과 전략적 중요성은 다음과 같은 이유로 더욱 커질 것 같다. 무엇보다도 먼저, 유럽 안보에 대한 유럽 동맹국의 역할과 책임 증대로 나토 유럽 동맹국의 인도 태평양 접근과 성격이 변화될 가능성 때문이다. 트럼프 행정부가 직설적으로 압박하고 있는 유럽 안보에 대한 유럽 동맹국의 책임 강조는 미국과 유럽 동맹국 간 갈등과 분열을 야기하고 나아가 이들 간 수렴되기 힘든 서로 다른 전략적 초점을 노출하고 있다.

지난 바이든 행정부 당시 유럽 동맹국들은 미국의 인도 태평양 전략과 궤를 같이하면서 정치적이면서도 전략적이고 안보적 관점에서 인도 태평양 지역에 접근하는 모습을 보여주었다. 그러나 트럼프 행정부 출범을 계기로 미국과의 갈등과 대립 그리고 유럽 안보의 책임 강화에 따라 유럽 동맹국은 인도 태평양 지역에 대한 전략적·안보적 접근보다는 과거에 추진했던 경제적 이해관계를 중시하는 접근으로 회귀할 조짐을 보인다. 인도 태평양 지역에 대한 유럽 동맹국들의 경제적 접근방식의 전략적 함의는 유럽 동맹국이 미국의 중국 봉쇄정책에 동참하기보다는 자신의 전략적 자율성에 따라 대중 정책을 조정할 수 있다는 의미이다. 따라서 나토의 모자를 쓰고 미국은 중국 봉쇄를 위해 나토+IP4와 실제적 안보협력을 강화해 나갈 가능성이 높다.

트럼프 행정부 출범 이후 나토+IP4의 위상과 전략적 중요성이 높아진 두 번째 이유나 배경은 안보협력의 성격이나 수준이 변화할 조짐을 보인다는 점이다. 2022년 6월 마드리드 정상회담을 계기로 공식화된 나토+IP4는 행동과 실천보다는 논의와 대화 수준에서 안보협력을 추진해 왔다. 그러나 2025년에 들어와 나토+IP4 안보협력 추세는 기존의 안보 대화 수준을 넘어 행동으로 전환하는 분위기를 강조한다. 특히, 나토+IP4는 자율잠수시스템(SUV)으로 상징되는 차세대 기술 협력, 해상수송 능력 구축 및 인도 태평양에서 나토를 기반으로 해양 안보를 위한 해상 군사훈련 등이 모색되고 있다. 이와 관련하여 뤼터 나토 사무총장은 2025년 첫 아시아 순방에서 방위산업 협력 확대와 정보 공유를 통해 나토+IP4 협력을 한 단계 끌어올리는 것이 목표라는 입장을 피력하기도 했다. 이런 흐름은 2025년에 들어와 대화보다는 행동과 실천이 강조되는 협력 분위기와 맞물려 미국이 주도하는 나토+IP4는 트럼프 행정부의 중국 봉쇄와 전략적으로 연계될 가능성이 크다. 이미 나토는 IP4 국가들과 정보 공유를 중심으로 강력한 연락 구조, 지휘 및 통제 체제를 구축하여 유럽 대서양과 인도 태평양 지역 간의 실시간 안보 상황을 이해할 수 있는 상호운용성 업그레이드 작업을 추진해 왔다.

이런 상황을 고려하여 한국은 나토+IP4 안보협력에 참여하더라도 협력의 목표를 명확하게 설정해 둘 필요가 있다. 설사 남중국해 지역에서 나토와 같이 항행의 자유 작전에 참여하더라도 이것이 대만 분쟁에 한국이 참여한다는 의사 표시가 아니라는 분명한 메시지를 발신해야 한다. 또한 한국은 나토+IP4 안보협력이 한미일 안보협력과 연계되어 작동할 가능성을 경계해야 한다. 트럼프 행정부의 인도 태평양 전략 목표는 중국 봉쇄이고 한미일 안보협력과 나토+IP4는 미국이 활용할 수 있는 주요 기제의 범주에 들어있다. 트럼프 시대에도 한국과 나토의 안보협력은 지속될 것이다. 그러나 나토에 대한 한국의 인식과 나토 정책 그리고 나토와의 안보협력 방향과 협력 목표 등은 전임 정부의 정책과는 완전히 달라야 한다. 트럼프 행정부가 몰고 온 변화의 광풍에 맞서 우리는 국익 중심 실용 외교로 한반도 평화와 안보라는 절대 양보할 수 없는 사활적 국익을 지켜가야 한다.

NORTH

ATLANTIC

TREATY

ORGANIZATION

THE

TRUMP

ADMINISTRATION

THE

KOREAN

PENINSULA

CHAPTER 19

북미 핵 협상과 코리아 패싱(Korea passing)?

○   1993년 3월 북한의 핵확산금지조약(NPT) 탈퇴 선언 이후 한반도를 둘러싼 북한과 미국의 안보적 상호작용은 북핵 문제를 중심으로 전개되었다. 지난 35년 동안 북핵 문제를 둘러싼 한반도 비핵화 문제는 크게 3가지 주요 변인과 관련되어 북한과 미국의 입장에 따라 달라졌다. 즉, 한반도 비핵화를 둘러싼 북한과 미국의 상황 요인과 정책 요인 그리고 시간 요인의 부조화로 북핵 문제는 협상 시작과 전개, 교착과 갈등 그리고 협상 결렬이라는 악순환을 되풀이했다.

한반도 비핵화의 상황 요인, 정책 요인, 시간 요인

한반도 비핵화를 위한 북미 핵 갈등과 협상을 이해하기 위해서는 상황 요인, 정책 요인 그리고 시간 요인이라는 3가지 주요 요인에 대한 이해가 필요하다. 첫째, 상황 요인이다. 이는 미국과 북한을 중심으로 한반도 비핵화 협상이나 과정이 어떤 환경이나 상황에서 전개되는지를 의미하는 것이다. 즉, 상황 요인은 북핵 갈등과 협상이 전개되는 전략 공간을 의미한다. 북미 양국이 바라보는 한반도와 동북아 정세 인식과 미국과 중국의 경쟁과 갈등이 전략 공간을 구성하는 상황 요인이다. 다음으로 정책 요인이다. 정책 요인은 비핵화 협상에 대한 미국과 북한의 접근방법이자 비핵화 협상 과정을 통해 미국과 북한의 이해관계를 관철하기 위한 양국의 전략적 프레임이다. 마지막으로 시간 요인이다. 시간 요인은 북미 양국의 대내외적 정치 일정에 따라 상황 요인과 정책 요인에 영향을 미치는 일종의 매개변수로 작용한다. 비핵화 협상 관련, 이러한 세 가지 요인이 선순환 구조를 형성하지 않고 개별적으로 작동한다면 북핵 협상 과정은 매우 험난할 것이고 교착 국면은 더 오래 지속될 것이다.

2025년 북핵 협상 국면 진단

북미 핵 협상이 전개되는 전략 공간인 상황 요인은 과거와는 비교할 수 없을 정도로 변화되었다. 특히, 2022년 2월 우크라이나 전쟁을 계기로 중국이 우크라이나 전쟁을 간접적으로 지원하는 러시아의 결정적 조력자가 되고, 2024년 6월 북러 동맹이 복원된 상황 변화는 핵 협상에 임할 북한의 입지를 더욱 강화할 수 있는 전략 공간을 창출했다. 향후 북미 핵 협상이 다시 열린다면, 북한에 유리하게 변화된 상황 요인은 북미 핵 협상에 과거보다 더 큰 영향을 미칠 것으로 전망된다.

더 중요하고 주목할 건 정책 요인의 근본적 변화로 북미 핵 협상의 목표 자체의 변화를 추동하고 있다는 점이다. 과거 북한의 비핵화 프레임은 핵 폐기와 체제의 안전보장을 위한 단계적·동시적 이행이었다. 그러나 2022년을 전후로 북한은 대적 투쟁 원칙에 근거하여 핵 능력의 고도화를 통한 국방력 강화에 몰두해 왔다. 그 결과 북한은 사실상 핵 능력을 갖추게 되었다. 이에 따라 북한의 핵 협상 의도나 목적은 과거처럼 체제 보장을 위한 핵 폐기가 아니라 핵 군축을 통해 미국으로부터 묵시적으로 핵보유국 지위를 승인받는 걸로 변화되었다. 한편, 미국의 비핵화 프레임은 큰 변화를 보이지 않고 있다. 오바마 행정부에서는 북한이 먼저 핵 문제와 관련해서 가시적 변화를 요구하는 전략적 인내 지향했었고, 트럼프 1기 행정부에서는 김정은과의 담판을 통한 일괄 타결을 시도했으나 모두 실패했다. 지난 바이든 행정부는 단계적 접근 등 유인을 제공하여 북미 협상 재개를 통한 한반도의 완전한 비핵화를 추구하는 잘 조율되고 실용적인 접근을 강조했으나 이것이 현실 정책으로 나타나 실행된 적은 없었다. 2024년 대선 과정에서 김정은과 좋은 관계를 강조했던 트럼프 대통령은 취임과 더불어 북한을 핵 국가(nuclear power)로 언급하면서 북한의 군사적 핵 능력 보유를 강조했다. 물론, 현재까지 트럼프 행정부는 전임 행정부와 마찬가지로 한반도 비핵화를 강조하고 있지만, 북한 김정은과 핵 협상의 경험이 있는 트럼프의 미국은 비핵화 프레임에 있어서 변화의 가능성도 존재한다.

마지막으로 시간 요인이다. 북미 핵 협상에 영향을 미치는 시간 요인은 현재로서는 미국보다는 북한에 유리하다고 판단된다. 물론, 김정은의 흔들림 없는 통치 체제의 유지에도 불구하고 북한도 주민들의 경제적 삶을 개선하기 위한 외자 유치와 경제성장이 필요한 건 사실이다. 그러나 북한의 경제적 어려움에도 불구하고 앞에서 살펴본 상황 요인과 정책 요인이 현재로서는 북한에 유리한 구도이다. 따라서 북한이 조급하게 먼저 북미 핵 협상에 나올 가능성은 크지 않다. 북한은 당분간 북한판 전략적 인내가 가능해 집권 기간이 정해진 트럼프의 미국보다는 시간 요인에서 유리한 상황이다.

북한의 대미 강경 전략 의도

2020년 6월 대적 투쟁원칙의 공개적 표명을 계기로 북한은 국방력 발전계획을 추진하는 가운데 국가전략의 핵심적 구성 요소로 핵 능력의 고도화를 강하게 추진하고 있다. 이를 발판으로 북한은 미국에 대해 강경 전략을 전개하면서 전략적 방치나 적대적 무시를 취하고 있는 미국의 대북 정책의 유화적 전환을 유인해 내고자 하는 의도를 나타내고 있다. 대적 투쟁원칙의 구체적 행동으로 표출되고 있는 핵 능력 고도화를 매개로 대미 압박 전략을 구사하는 북한의 전략은 큰 틀에서는 새로운 국가전략의 핵심적 구성 요소일 뿐만 아니라 한반도 비핵화와 맞물려 있는 미국과의 협상전략에서 근본적 방향 전환을 시사하고 있다. 북한은 지난 2019년 2월 하노이 북미 정상회담에서의 실패를 교훈 삼아 새로운 전략적 방향을 모색해 왔고, 그 결과로 귀착된 것이 대적 투쟁원칙과 이를 구체화하기 위한 국방력 발전계획의 부분으로서 핵 능력의 고도화 추구이다.

     북한은 대미 강경 전략을 통해 미국의 대북 정책의 전환을 유도하고 미국으로부터 유화적 핵 협상을 견인하는 것이다. 2024년 미국의 국가 정보국의 분석에 따르면, 북한은 대미 강경 전략을 강하게 추진하고 있어 핵무기를 포기할 의도가 거의 확실하게 없으며, 러시아와의 군사 협력 강화를 통해 핵 보유에 대한 국제적 인정을 확보할 수도 있다는 희망을 지니고 있다. 핵 능력 고도화를 통해 대미 강경 전략 차원에서 전개되고 있는 북한의 대미 압박이 일정 정도 성공하거나 트럼프 행정부가 북한과의 핵 협상에 전략적 관심을 보인다면, 향후 북미 간 새로운 성격의 북미 핵 협상이 전개될 가능성도 있다. 이와 관련하여 우리가 상상해 볼 수 있는 북미 핵 협상은 크게 2가지 형태를 상정할 수 있다.

정세 관리의 핵 군비통제 협상

첫 번째 유형은 지역적, 국제적 질서 안정을 위한 상황 관리의 필요성에 따른 핵 군비통제 협상이다. 트럼프 행정부 취임 이후 국제 정세는 다극화 흐름이 진행되는 가운데 미국과 중국의 전략경쟁 격화와 지역적 주요 국가들의 전략적 자율성이 강화되는 상황이다. 이러한 국제 정세는 각자도생의 생존 논리가 중시되고 미국과 중국 등 주요 강대국이 지역 분쟁에 관여할 수 있는 의지나 능력이 제한되는 상황이다. 구체적으로 유럽 지역에서 우크라이나 전쟁의 지속, 중동 지역의 안정화 지체 그리고 인도 태평양 지역의 남중국해와 대만 문제 등을 둘러싼 미국과 중국의 경쟁이 격화되고 있다. 이러한 상황에서 북한이 핵 운반수단 고도화를 위해 주기적으로 미사일 발사 등 군사적 도발을 일으킨다면, 이는 한반도 정세와 나아가 지역적·국제적 상황을 더욱 악화시키는 요인으로 작용할 것이다. 따라서 트럼프 행정부는 이를 관리할 필요성에 따라 북한과 핵 군비통제 협상을 시도할 가능성이 있다.

정세 안정을 위한 북미 핵 협상 유형의 핵 군비통제는 지난 2024년 3월 랩 후퍼(Rapp-Hooper) 백악관 국가안보회의 동아시아-오세아니아 담당 선임 보좌관이 한 세미나에서 언급한 중간 단계 조치로 북한과의 대화가 가능하다는 논리와 유사하다. 그가 언급한 중간 단계의 전략적 목적은 북한과의 핵 군축이 아니라 한반도 상황 관리 차원에서 확전의 위험을 방지하고 핵 억지의 안전성을 고려한 운용적 군비통제의 성격이다. 운용적 군비통제를 통해 북한과의 신뢰 구축 방안을 모색하고 주기적으로 발생하는 북한의 군사적 도발을 어느 정도 제어하여 한반도와 지역 정세를 안정화해 나가는 것이다. 이러한 핵 군비통제는 북한과 미국 양국이 바라는 소기의 성과에 도달하는 합의 추구의 협상이라기보다는 핵 협상을 시작함으로써 나타나는 다양한 긍정적 파장에 주안점을 둔 부수 효과를 고려한 협상이라 할 수 있다. 한반도 및 동북아 정세의 안정적 관리 차원에서 미국은 북한의 의도와는 관계없이 적극적으로 북한과 핵 군비통제 협상을 추진할 수 있다. 북한이 이러한 유형의 협상에 나설지 의문이 들지만 그렇다고 북한이 이를 단칼에 거절할 필요도 없다고 전망된다. 왜냐하면 북한은 일단 미국과의 핵 협상에 임해 미국의 의도나 목적 등을 파악할 기회로 활용할 수 있기 때문이다.

핵 군축 협상

두 번째 유형은 북한 비핵화의 현실적 어려움과 북한의 핵 운반수단의 발전에 따른 미국의 안전보장을 고려한 핵 협상을 추진하는 것이다. 이러한 입장에서 추진되는 핵 협상은 구조적 군비통제이자 북한의 실질적 핵 능력의 감축을 동반하는 핵 군축 협상이다. 트럼프 행정부는 북한 비핵화의 현실적 어려움을 토로하는 분위기이다. 북한이 대미 압박 강도를 높여 향후 미국 본토를 타격할 수 있는 대륙간탄도미사일의 성공적 개발과 대미 억제력을 확보할 수 있는 핵 능력을 확보한다면 이는 미국의 안전보장에 가장 커다란 위협 요인으로 작동하여 미국은 북한과의 핵 군축 협상에 나서야 하는 상황에 직면하게 된다. 북한의 핵 능력 고도화에 따라 미국의 본토 안전이 위협받는 상황은 트럼프 행정부가 북한과 핵 군축에 나서는 가장 중요한 변수로 작용할 것이다. 지난 냉전 시대 미국이 소련과 핵 군비통제 협상에 임하게 된 결정적 배경도 미국 본토를 공격할 수 있는 소련의 장거리 핵미사일 능력의 고도화에서 비롯되었다. 과거 소련은 1962년 쿠바 미사일 위기를 겪은 이후 미국 본토를 공격할 수 있는 장거리 핵미사일을 지속 증강하여 1960년대 후반에 들어와 미국과 구조적 핵 군비통제 협상을 할 수 있었다.

또 다른 측면에서 트럼프 행정부는 북한을 활용하여 중국을 봉쇄하고 북한과 중국 그리고 가능하다면 북한과 러시아 간 동맹 갈등을 유인하기 위한 이이제이(以夷制夷) 전략으로 북한과 핵 군축 협상을 전개할 수도 있다. 이러한 전략적 의도는 트럼프 행정부가 중국 봉쇄를 강화하기 위한 극단적인 처방책으로 등장할 수 있는 복안 중의 하나이다. 이미 알려진 대로 트럼프 행정부의 가장 중요한 대외정책 목표 중의 하나는 중국 봉쇄이다. 트럼프 행정부는 군사 안보 차원에서 서태평양으로 나가고자 하는 중국의 해군과 공군력을 남중국해 공간에 가두어두고자 한다. 이를 위해 트럼프의 미국은 북한의 안보적 자율성 강화를 묵인하고 미국과 우호 관계 형성 차원에서 북한과 일괄 타결의 접근방법으로 핵 군축 협상을 진행할 수 있다.

트럼프 행정부가 북핵 프레임으로 어떤 접근방법을 내세울지는 불확실하다. 핵보유국 지위를 요구하는 북한의 입장을 수용하기는 힘들 것이다. 그러나 변화된 상황을 고려했을 경우 북한과 미국 간 핵 협상과 관련해서 적어도 다음과 같은 점은 명확할 것 같다. 무엇보다도 먼저, 새롭게 전개될 북한과 미국 간 핵 협상의 궁극적 목적은 우려스럽게도 한반도 비핵화와는 거리가 있을 것이라는 현실적 전망이다. 향후 전개될 핵 협상의 상황 요인이나 북한의 전략적 접근방법과 결부된 정책 요인을 객관적이고 현실적으로 인식하고 평가한다면, 다가올 북미 핵 협상은 한반도 비핵화가 아니라 한반도 상황 관리의 핵 군비통제나 부분적 핵 군축의 방향으로 전개될 것이다. 두 번째는 향후 전개될 북미 간 핵 협상이 기본적으로 북한의 핵 능력 고도화에서 기인한 것이기 때문에 미국으로서는 북한의 전략적 접근방법을 결코 외면할 수 없을 것이다. 따라서 새롭게 전개될 북미 핵 협상의 전개 국면에서 지향점은 과거와 근본적으로 달라질 것이다. 다만, 북미 핵 협상의 전개 상황은 만남과 협상, 진전과 교착 등 과거의 핵 협상 궤적을 크게 벗어나기 힘들 것이다.

한반도 문제와 코리아 패싱(Korea passing)

지난 35년간 북미 핵 협상 경험에서 한국이 배제되거나 한국의 역할이 보이지 않는 소위 코리아 패싱 논쟁이 주기적으로 일어났었다. 코리아 패싱이란 1990년대 일본이 처한 국내외적 상황에서 자조 섞인 목소리로 등장한 일본 패싱(Japan Passing)의 한국판이다. 코리아 패싱은 한반도 문제에서 한국의 입장이 부재하거나 배제되는 상황을 의미한다. 우리의 외교 안보 정책이 매우 무기력하거나 수동적이고 때로는 현안에 대한 해법이 부재한 상황을 가리키는 용어이기도 하다. 코리아 패싱을 논하기에 앞서 반드시 한반도 문제의 성격과 상황에 대한 진단이 선행되어야 한다. 한반도 문제는 한반도에서 벌어지는 다양한 외교 안보 현안이 주변 국가들과 국제사회의 이해관계에 영향을 미치는 일련의 의제들을 가리킨다. 한반도 문제는 작게는 특정 쟁점이 주요 의제가 될 수도 있고 크게는 한반도 운명 자체가 될 수도 있다. 한반도 문제의 성격과 본질이 무엇이냐에 따라 코리아 패싱이 내포하고 있는 의미와 함의도 달라진다.

한반도 문제와 관련된 코리아 패싱의 첫 번째 상황은 한반도의 운명이 걸려 있는 상황에서 한국의 입장이 철저하게 배제되는 경우이다. 지난 19세기 말 20세기 초 대한제국의 상황이다. 당시 대한제국은 강대국의 이해관계가 첨예하게 대치되는 한반도 정세에 대한 뚜렷한 인식도 없었고, 이를 주체적으로 해결해 나갈 힘과 의지도 없었다. 이런 상황에서 가쓰라-태프트 밀약(Katsura-Taft Secret Agreement)이라는 코리아 패싱이 일어났고 그 결과는 1905년 대한제국의 외교권이 강탈당하는 을사늑약으로 나타났다. 코리아 패싱의 두 번째 상황은 한반도 문제에 직면하여 우리가 이를 주체적으로 해결하기보다는 주변 강대국의 입장이나 정책에 편승해 한반도 문제를 외세에 위탁하는 모양새를 보이는 경우이다.

코리아 패싱의 두 번째 상황은 과거 오바마 행정부의

전략적 인내 시기에 가장 현저했다. 당시 미국의 전략적 인내는 북한의 핵 능력이 미국의 사활적 안보 이익에 못 미친다는 인식에서 나온 전략적 방치라 볼 수 있다. 중국 역시 이와 유사한 태도를 견지했었다. 북한을 지정학적 자산으로 생각하는 중국으로서는 북핵 문제 해결에 구조적 한계를 갖고 있을 수밖에 없는 것이다. 당시 한국 정부는 북핵 문제 해결을 위해 미국과 중국에 너무 의존하는 모습만을 보여주었다. 북한의 핵과 미사일 능력은 더욱 고도화되었고, 한국 정부는 북핵 문제와 남북 관계의 한반도 문제에서 과도하게 강대국의 대북 정책에 편승하여 국제사회에서 한국의 입장이나 역할이 중요치 않게 인식되는 코리아 패싱의 빌미를 제공했다.

코리아 패싱의 세 번째 상황은 한반도 문제에서 미국의 이해관계와 한국의 입장이 서로 다른 경우이다. 즉, 한국의 입장과 해법이 존재하더라도 이것이 미국의 이해관계와 부합하지 않음으로 인해 미국이 전략적으로 코리아 패싱을 유발시킬 수 있다. 크고 작은 한반도 문제에 대해 한국과 미국의 인식이 동일하더라도 이것이 동일한 해법을 의미하는 것은 아니다. 만약 미국이 자신의 한반도 정책 목표를 관철하기 위해 전략적으로 한국의 입장을 무시하고 우리에게 정책 변경을 압박하는 경우 갈등의 형태로 코리아 패싱이 나타날 수도 있다. 이런 상황은 엄밀히 말해 코리아 패싱이 아니라 정치적으로 코리아 패싱 분위기를 조성하여 강대국의 입장을 관철하기 위한 강대국 전략의 일환이다.

전략적 돌파로 실용 외교의 공간 확장을 도모해야

국익 중심 실용 외교를 대외정책 기조로 내세우고 있는 이재명 정부는 한반도 문제와 관련해 실용적이면서도 적극적 역할을 도모해야 한다. 혹시나 이전 정부로부터 물려받은 코리아 패싱의 잠재 요소들이 존재하더라도 이를 완전히 씻어내야 한다. 그러기 위해서는 북핵 문제를 포함해 한반도 문제에서 우리 주도의 역할과 정책 공간을 넓혀가야 한다. 다양한 쟁점과 맞물린 한반도 문제에 대해 우리만의 방책을 마련해 한반도 문제의 운전대를 확고하게 잡아야 한다. 북핵 문제의 국제정치적 성격상 우리가 꼭 운전대를 잡아야 한다고 고집할 필요는 없다. 그러나 북한 문제와 그와 연동된 남북관계에서는 반드시 운전대를 잡아야 한다. 이를 통해 한반도를 평화의 방향으로 운전해 나가는 것이 중요하다.

북미 핵 협상 국면에 따른 제반 문제와 더 넓게는 한반도 평화 안보와 맞물린 이율배반적인 다양한 정책적 쟁점에 대해 이재명 정부는 실용 외교의 공간을 확장할 수 있는 전략적 지혜를 발휘해야 한다. 북핵 협상에 대한 한미 간 협조를 기본으로 하면서 한반도 평화 안보를 위해 남북 관계와 한중 관계 그리고 한러 관계라는 북방과의 협력도 과감하게 추진하여 실용 외교의 자율적 공간을 확장해야 한다. 이러한 전략적 돌파는 다가올 북미 핵 협상에서 있을지도 모르는 코리아 패싱을 사전에 방지하고 장기적으로 평화의 한반도로 나아갈 수 있는 확고한 토대를 마련하는 출발점이다.

NORTH

ATLANTIC

TREATY

ORGANIZATION

THE

TRUMP

ADMINISTRATION

THE

KOREAN

PENINSULA

CHAPTER 20

**평화 지향의 안보 체제와
작전통제권 환수**

○ 근대 국제정치가 본격적으로 전개된 이래 동아시아는 언제나 국제정치의 변방이었다. 그러나 21세기에 들어와 오랜 시간 동면에 있었던 중국이 마침내 긴 잠에서 깨어나 국제정치의 지각판을 흔들고 있다. 이제 국제정치의 중심 무대도 지난날의 유럽 대서양 지역에서 인도 태평양 지역으로 이동하였다. 특히, 자국 우선주의와 중국 봉쇄를 가장 핵심적인 대외정책 기조와 안보 정책 목적으로 내세우고 있는 트럼프 행정부의 출범을 계기로 중국 주위의 한반도와 동아시아 지역은 긴장과 갈등이 고조되는 양상이다.

강자와 자강의 전략적 자율성이 병존하는 오늘날의 시대에서 자강의 안보력을 키우고 동맹과의 협력을 넓히면서 오래 유지되고 또한 강화될 수 있는 새로운 한반도 평화 시대를 열기 나가는 게 중요하다. 이를 위한 가장 근원적인 과제는 분단 이래 하나의 구조처럼 지속되고 굳어진 남북 관계의 적대적 상호 경쟁성이라는 역사의 악순환 고리를 끊는 것이다. 남북한이 평화롭게 공존할 수 있는 분위기를 만들어야 하며, 이를 위해서는 무엇보다도 먼저 평화 지향의 안보 체제를 구축할 필요가 있다. 즉, 장기적으로 한반도 비핵화와 한반도 평화 체제를 통해 한반도 평화 질서를 만들어 가기 위해서는 현재의 남북 대결적 정전 체제를 평화 지향의 안보 체제로 전환해야 한다. 평화 지향의 안보 체제는 한반도 평화 체제의 초기 모습이자 한반도 평화 체제로 발전해 가는 평화 확산과 심화의 첫 단계이다.

한반도 정전 체제와 안보에 의한 평화

현재 한반도 안보는 한반도 정전 체제로 유지·관리되고 있다. 정전 체제의 기본 속성은 생존이라는 국가의 절대적 가치를 중시하는 안보 패러다임에 입각해 있다. 남북한의 안보적 상호작용은 이득의 상호 반비례라는 작용과 반작용의 구조적 한계를 보여 왔다. 분단 이후 오늘에 이르기까지 한반도 평화는 기본적으로 분단 상황을 관리하는 안보 체제에 의해 지탱될 수밖에 없었고 그 성격은 안보에 의한 평화의 범주를 넘을 수 없었다. 1953년 정전 체제 구축 이후 한반도 평화는 평화 그 자체에 의한 게 아니라 안보에 의한 평화였다. 안보 먼저, 평화는 나중이라는 논리는 안보와 평화를 이분법으로 접근하고 평화를 유지하기 위해서는 우선 안보를 튼튼히 해야 한다는 인식과 현실 논리를 강화해 왔다. 이에 따라 지난날 국권 상실이라는 치욕적인 경험과 해방 이후 국가의 분단과 동족상잔의 비극을 기억하는 한국은 국가 생존으로서 항상 안보가 중시되었고 이에 못지않게 평화가 강조되었음에도 평화는 부차적인 문제였다. 평화는 그 자체로서 독립적인 가치를 보장받을 수 없었다. 평화를 보장받기 위해서는 국가 안보가 우선시되었고 안보가 없는 평화는 사상누각이라는 언명이 한국 사회의 지배적인 분위기로 자리 잡았다.

안보와 평화를 이분법으로 접근하고 평화를 유지하고 확보하기 위해서는 우선 안보를 튼튼히 해야 한다는 선 안보, 후 평화라는 인식과 현실은 분단 이후 한국 사회에서 하나의 절대적 진리가 되었다. 끝없는 핵 군비경쟁을 통해 전쟁을 방지하고 언제 깨질지 모르는 불안한 평화라는 공포 속의 평화를 경험한 유럽의 평화가 그러했고 한반도의 어제와 오늘의 평화가 그러하다. 평화를 지키고 확산하기 위해 평화 그 자체의 구성물에 관심과 실천을 두기보다는 동맹, 군비, 억지라는 군사적 수단을 통해 전쟁의 부재가 평화라는 안보에 의한 평화가 우리의 사고와 인식을 지배해 왔다. 환경이 바뀌고 시대가 변함에 따라 안보에 의한 평화가 안보와 평화의 조화, 나아가 평화에 의한 평화라는 새로운 인식이 싹트고 성장한 유럽과는 달리, 분단과 전쟁을 겪은 한반도에서의 평화는 여전히 그 자체로서의 독립성을 보장받지 못하고 있다. 서로 이질적인 정치체제로 갈라진 남과 북의 체제경쟁은 서로에 대한 인식과 행동을 선악의 이분법적 사고와 효과를 각인시키는 거울 영상(mirror image) 효과를 확대·재생산하고 상황에 따라서는 서로를 필요로 하는 적대적 상호의존관계를 만들어 왔다. 구조적 분단과 전쟁의 후유증은 한반도에서 안보는 절대 선이자 최고의 가치이기 때문에 이에 대해 그 누구도 이의를 제기하거나 거부할 수 없는 단단한 사회적 토양을 구축해 왔다.

평화와 동행하는 안보로의 사고 전환

새로운 한반도 평화 시대의 관문인 평화 지향의 안보 체제를 만들기 위해서는 평화와 안보에 대한 우리의 인식과 담대한 사고의 전환이 요구된다. 지금처럼 상황이 불안정하고 안보를 강조하고 필요로 하는 시대일수록 우리는 우리가 지향하는 안보가 어떤 안보인가를 성찰할 필요가 있다. 한반도와 주변의 긴장과 갈등 그리고 분쟁적 대결 구도로부터 대한민국을 지키기 위해서는 무엇보다 자강의 안보가 필요하고 또한 중요하다. 이제부터라도 한반도에 더 오랜 평화와 안정을 도모하고 이를 일상적으로 만들기 위해서는 불신과 갈등을 조장하는 과거의 안보, 냉전의 안보, 대결의 안보는 지양해야 한다. 한반도 평화를 위한 안보는 평화와 동행하는 새로운 안보여야 한다. 안보가 먼저고, 평화는 나중이라는 안보 중심의 한반도 평화로는 한반도의 긴장과 대결 구도를 해소할 수 없다. 어느 것이 먼저고 어느 게 더 중요하다는 이분법적 사고에서 벗어나야 한다. 한반도에서 전쟁을 막고 안정과 안전을 일상화하기 위해서는 평화와 안보, 안보와 평화를 하나로 바라보는 통합적 사고가 중요하다. 평화가 경제고 경제가 민생이듯이, 안보는 평화를 증진하고 평화는 안보를 더욱 강하게 만들어야 한다. 동전의 양면이 함께하듯이 평화와 안보, 안보와 평화는 결코 분리될 수 없다.

평화 지향의 안보 체제, 작전통제권 환수로부터 시작되어야

분단 관리와 전쟁 방지에 초점을 둔 현재의 정전 체제는 안보에 의한 평화가 아니라 안보가 평화를 증진하고 평화가 안보를 강화하는 평화 지향의 안보 체제로 재편될 필요가 있다. 이를 위한 전제 조건으로 전시작전통제권(이하 작전통제권)을 환수해야 한다. 이를 계기로 우리는 군사 주권을 회복하고 한반도에서 전략적 자율성을 키워야 한다. 나아가 다가올 한반도 평화 체제에 부합하는 방향으로 한미동맹을 관리해 나갈 수 있는 동맹 관리 방안을 마련해야 한다.

작전통제권은 효율적인 전쟁 수행과 궁극적으로 전쟁을 승리로 이끄는 데 필요한 총체적 군사작전을 통제하는 권한이다. 작전통제권은 전시에는 말할 것도 없고 평시에도 군사력 운용과 배치 그리고 군사력 사용 방법 등에 지대한 영향을 미친다. 작전통제권은 평시와 전시로 구분될 수 있는 권한이 아니다. 불행하게도 한국의 작전통제권이 평시·전시로 나누어진 것은 정치적 희생양이 되었기 때문이다.

작전통제권의 전략적 함의, 군사 주권이자 자주국방의 전제 조건

작전통제권의 전략적 함의는 한 나라의 군사 주권의 요체이자 자주국방의 전제조건이고 국방정책의 목표를 효율적으로 달성하기 위한 전략적 설계도라 할 수 있는 군사전략과 불가분의 관계에 있다. 먼저, 작전통제권은 군사 주권의 요체이다. 일부에서는 작전통제권이 군사 주권과 무관하다고 주장한다. 하지만 실상은 그렇지 않다. 예를 들면, 주한 미군 사령관을 했던 스틸웰(Richard Stilwell) 장군은 한국전쟁 당시 이승만 대통령이 서한을 통해 유엔군 사령관에게 한국의 작전통제권을 이양한 거에 대해 "지구상에서 가장 놀라운 형태로 주권을 양보한 사례"라고 언급했다. 또한 저명한 국제정치학자인 빅터 차(Victor Cha)는 "작전통제권이란 엄청난 국가 주권을 침해한 이유는 한미 연합전투력의 효용성을 높이기 위한 것과 북한에 대해 한국이 호전적 성격의 일방 행위를 하지 못하도록 하기 위함"이라고 주장하면서 미국이 한국의 작전통제권을 보유한 것을 한국의 국가 주권에 대한 심각한 침해 사항으로 인식했다. 작전통제권 환수를 대선 공약으로 내걸었던 노태우 대통령도 회고록을 통해 "우리가 독자적으로 지휘권을 갖지 못한 것은 주권 국가로서는 창피한 일"이라고 말했다.

　　작전통제권의 또 다른 함의는 작전통제권이 자주국방의 전제 조건이라는 점이다. 자주국방은 자신의 의지와 힘으로 국가방위를 담당하는 것이다. 오늘날의 안보 상황을 고려했을 경우, 한국의 자주국방은 국가방위를 자주적으로 결정하고 군사력을 자율적으로 운용하는 가운데 한미동맹을 통해 군사력을 강화해 나가는 것이다. 자주국방을 건설하기 위해서는 작전통제권이 전제되어야 한다. 왜냐하면 독자적인 작전통제권이 있어야 한국이 설정한 국방목표를 달성하기 위한 독자적인 군사전략을 설계할 수 있기 때문이다. 1953년 한미동맹 탄생 이후 한국은 작전통제권을 갖지 못했기 때문에 역대 한국 정부의 군사전략은 한결같이 한미 연합전략에 바탕을 둔 것이지 우리의 독자적인 군사전략을 설계할 수 없었다. 한국이 작전통제권을 환수하는 건 우리 스스로 우리의 안보와 국방을 책임지기 위한 첫걸음을 내딛는 것이다.

지난 노무현 정부에서 추진되어 2012년 4월 17일로 작전통제권 환수가 결정되었으나 이명박 정부와 박근혜 정부에서는 작전통제권 환수를 계속 연기하였다. 특히, 박근혜 정부는 2014년 10월 제46차 한미안보협의회의에서 작전통제권 환수 조건—① 연합방위 주도를 위해 필요한 군사 능력 ② 동맹의 포괄적인 북핵·미사일 위협 대응능력 ③ 안정적인 작전통제권 환수에 부합하는 한반도 및 역내 안보 환경—에 합의했다. 그러나 가장 중요한 건 상황과 조건의 문제가 아니다. 우리 스스로 우리의 안보와 국방을 책임지겠다는 주인의식과 이를 확고하게 추진해 나가겠다는 의지의 문제이다. 북한의 핵 능력이 고도화되고, 미국과 중국의 경쟁 격화로 한반도와 동북아의 안보 상황이 엄중할수록 우리는 우리의 안보를 스스로 책임지겠다는 주인의식을 가져야만 하고 그런 점에서 작전통제권 환수는 빠르면 빠를수록 좋은 것이다.

NORTH

ATLANTIC

TREATY

ORGANIZATION

THE

TRUMP

ADMINISTRATION

THE

KOREAN

PENINSULA

CONCLUSION
결론

**공존의 남북 관계와
호혜적 한미동맹의 선순환 구도**

○ 불법 계엄으로 생사를 넘나드는 절망과 어둠을 뚫고 이재명 정부가 출범했다. 안전하고 평화로운 대한민국을 건설하고자 하는 이재명 정부가 직면한 대외 환경은 그 어느 시기보다도 도전과 도전이 파노라마처럼 펼쳐질 조짐을 보인다. 미국발 관세 압박은 제쳐두고라도 힘을 앞세운 강대국 정치의 경쟁이 확대되고 깊어짐에 따라 지구촌 여기저기서 대립과 갈등, 분쟁의 파편들이 평화를 위협하고 평화를 무너뜨리고 있다. 2022년 2월 러시아의 우크라이나 침략으로 일어난 우크라이나 전쟁은 끝날 기미를 보이지 않는다. 중동 지역의 안전과 평화도 요원한 거 같다. 평화의 상실은 말할 것 없고 무고한 생명이 덧없이 사라지고 있다.

우리의 삶의 터전인 한반도와 동북아 지역의 상황도 예사롭지 않다. 지난 30년 이상 한반도 평화와 안보를 위협한 북한의 핵 문제를 넘어 이제는 군사력으로 무장한 동맹체제가 강화되고 있다. 2024년 6월 북한과 러시아의 동맹 복원과 양국의 안보협력 강화는 중국과 북한, 북한과 러시아의 연대적 협력 강화를 도모하면서 한반도에 새로운 평화 안보의 도전 요인이 되었다. 또한 미국 우선주의와 중국의 위협을 내세운 트럼프 행정부의 동맹 현대화는 한편으로는 힘을 통한 평화를 강조하나 다른 한편으로는 대중(對中) 군사력 집중을 위한 동맹 재조정을 예고하고 있다.

안전하고 평화로운 대한민국을 건설하는 데 전력을 기울일 이재명 정부의 외교 안보 정책 앞에는 한반도 평화를 위협하는 다양한 도전 요인이 놓여 있다. 이러한 도전을 헤치고 안전하고 평화로운 한반도라는 정책 목표를 달성하기 위해서는 적어도 공존의 남북 관계와 호혜적 동맹관계 구축이라는 전략과제의 목적을 달성해야만 한다. 왜냐하면 남북 관계와 한미동맹이라는 두 축은 한반도 국제정치에서 가장 중요한 쟁점일 뿐만 아니라 한반도 평화와 안보, 안보와 평화의 선순환 구도를 형성하는 핵심 요소이기 때문이다.

1950년 6월 한국전쟁과 1953년 10월 한미동맹 탄생 이후 한반도 국제정치의 핵심 과제는 한반도 평화와 안보, 안보와 평화의 문제였다. 역대 한국 정부의 가장 핵심적이고 전략적인 외교 안보 과제는 남북 관계와 한미동맹이라는 불가분적 구조의 작용과 반작용에서 이루어지는 선순환, 부조화 그리고 파열음에 따른 평화와 안보의 문제를 다루는 것이었다. 역대 한국 정부의 한반도 국제정치의 정책 목표는 남북 관계와 한미동맹이라는 양축의 외교 안보 쟁점을 놓고 어느 축의 쟁점을 더 중시하느냐에 따라 정책의 방향과 성격이 규정되어 왔다. 냉정하게 평가했을 경우, 역대 한국 정부가 이러한 정책 궤적을 보일 수밖에 없었던 가장 근본적인 이유는 분단이라는 태생적 한계에서 분출되는 남북 관계의 적대적 경쟁성을 완전히 제거하지 못했기 때문이다. 한미동맹은 이에 대한 반작용의 과정이자 결과라 말할 수 있을 것이다.

이러한 역사적 기억과 경험 그리고 전략적 함의 등을 고려한다면, 안전하고 평화로운 한반도 시대를 열기 위한 이재명 정부의 외교 안보 정책은 공존의 남북 관계와 호혜적 동맹관계 그리고 이들 간 선순환 구도를 형성해야만 한다. 서로 공존할 수 있는 남북 관계와 호혜적 한미동맹 구축은 한반도 평화와 안보, 안보와 평화의 선순환 구도를 형성하는 핵심 축인 것이다. 따라서 한반도 평화와 안보를 위해서는 공존의 남북 관계와 호혜적 동맹관계 구축 이상으로 이들 간 선순환 구도를 형성하는 게 중요하다.

무엇보다도 먼저, 지난 70년 이상 이어져 온 남북한의 적대 관계라는 역사의 악순환을 완전히 끊어내는 게 가장 중요하고 또한 우리가 반드시 해야 할 전략적 숙원과제이다. 비록 북한이 과거와는 달리 적대적 두 국가라는 관점에서 새로운 한반도 국제정치를 전개하고 있지만, 우리는 장기적 측면에서 한반도 비핵화를 견지하면서 남북 대화의 문을 열기 위한 노력을 계속해야만 한다. 이는 선택의 문제가 아니다. 한반도가 지정학적으로 강대국의 전략 공간인 것처럼, 남과 북의 관계는 한반도 정치의 숙명이다. 남북 관계를 단절할 수 없다면, 한반도 평화 정착과 확산이 우리의 소원이라면, 어떤 형태로든 대화와 교류, 만남과 협력의 남북 관계는 복원되고 일상적으로 이어져야 한다.

물론, 힘을 앞세운 강대국 경쟁 격화와 북한의 핵 능력이 고도화되고 북한과 러시아의 동맹관계가 새롭게 강화되는 현실에서 한반도 안보를 위한 우리의 자강 노력과 군사력 강화도 당연히 이루어져야 한다. 그러나 한국의 자강과 군사력 강화, 한미동맹의 협력 강화는 남북 대결을 상정하는 냉전적 안보 관점이 아니라 평화와 동행하는 안보력 강화 차원에서 진행되어야 한다. 과거처럼 안보에 의한 평화, 안보 먼저 평화는 나중이라는 사고에서 탈피해 안보가 평화를 증진하고 평화가 안보를 강화하는 평화와 안보의 선순환 구도가 이루어질 수 있도록 우리의 자강과 동맹 협력이 진행되어야 한다.

한반도와 주변 정세가 강대국 경쟁과 대립이 격화되고 군사력 중심의 안보력이 강조되는 상황이라도 우리는 이러한 갈등과 대결의 분위기에 휩쓸리거나 합류하는 것을 극도로 경계해야 한다. 상황이 유동적이고 불안정할수록 우리는 평화 지향의 안보 체제를 구축해 대결을 지양하고 평화를 창출하는 새로운 공존의 남북 관계를 만들어내야 한다. 대화와 만남의 남북 관계는 한반도의 갈등과 대결의 정세를 완화할 수 있는 최소 조건일 뿐만 아니라 주변 강대국의 격한 경쟁의 파고를 관리하고 막아낼 수 있는 남북한 모두의 전략적 안보 방파제이다. 설사 남북한의 한반도 국제정치가 강대국 국제정치의 부분집합이라 할지라도 대화와 만남, 서로 공존할 수 있는 새로운 남북 관계를 구축한다면, 이는 새로운 한반도 평화 시대를 열어가는 핵심적 관문이 될 것이다.

공존의 남북 관계 못지않게 호혜적 한미동맹 관계를 구축하는 게 무엇보다 중요하다. 모두가 알다시피, 한미동맹은 대한민국의 생존과 한반도 평화 안보를 위한 가장 중요한 우리의 안보 자산이다. 동맹 탄생 이후 지난 70년 이상 한미동맹은 북으로부터의 안보 위협을 억제하고 한반도 평화와 안보를 증진하고 확산하는 핵심 기제였다. 그러나 한미동맹이 한국의 전략적 자율성에 부정적 영향을 미친 부분도 있고 특히 지난 이명박 정부에서 추진되었던 한미 전략동맹은 한국의 전략적 자율성을 크게 제약했고 더군다나 남북 관계의 한반도 국제정치에도 부정적 영향을 미쳤다.

한미동맹이 남북 관계와 얽힘의 한반도 국제정치에 미치는 파장의 중요성을 고려한다면 이제부터라도 우리는 한미동맹에 대한 전략적 관리의 필요성과 중요성을 새롭게 인식해야 한다. 왜냐하면 한미동맹 변화가 미치는 영향은 단순히 동맹관계 자체에만 국한되지 않기 때문이다. 한미동맹 변화에 따른 파장은 한국의 전략적 자율성과 남북 관계 그리고 강대국 경쟁 구도에 적잖은 영향을 미칠 것임이 명확하기 때문이다. 트럼프 행정부의 동맹 현대화 작업에 대비하여 우리는 한미동맹 재조정 전략과 안보 자율성 강화 방안을 마련해야 한다. 출발점은 호혜적 한미동맹 관계를 구축해 공존의 남북 관계와 충돌하지 않으면서 병행 발전할 수 있도록 우리의 동맹전략을 설계해야 한다.

한반도 평화와 안보, 안보와 평화라는 우리의 이상과 염원은 정책 현실에서는 결국 공존의 남북 관계와 호혜적 한미동맹 관계 구축 그리고 이 둘 간 상호 충돌과 대립을 피하면서 병행 발전할 수 있어야만 가능해 보인다. 평화와 안보가 동행해야 하듯이, 남북 관계와 호혜적 한미동맹도 병행 발전해야만 한반도 평화 안보의 선순환 구도가 구축될 수 있다. 이것이야말로 얽힘의 한반도 국제정치에서 연루라는 동맹 딜레마를 최소화하고 강대국 경쟁으로부터 국익 중심 실용외교의 정책 공간을 확장할 수 있는 기본 조건이다. 정말로,

공존의 남북 관계와 호혜적 한미동맹 간 선순환 구도 창출은 안전하고 평화로운 새로운 한반도 평화 시대를 여는 강력하고 튼튼한 기초 작업이 될 것이다.

이수형(李壽炯) 박사

국가안보전략연구원 고문. 한국외국어대학교 정치외교학과를 졸업, 정치학 박사학위를 받았다. 나토와 유럽 안보, 한반도와 동북아 동맹 정치를 연구한다. 노무현 정부 통일외교안보정책실 행정관, 민주평화통일자문회의 상임위원, 2021년과 2022년 한국국제정치학회 부회장 그리고 국가안보전략연구원 수석 연구위원을 역임했다.

대표적인 단독 저서 및 역서로는 『미국외교정책사(1997)』, 『미국과 유럽의 21세기 국제관계(2000)』, 『북대서양조약기구와 유럽안보(2004)』, 『북대서양조약기구: 이론·역사·쟁점(2012)』, 『맷도의 굴대전략: 한반도 평화통일 전략구상(2004)』, 『중추적 중견국가, 한국의 외교안보전략 3.0(2019)』 등이 있다. 그 외 나토와 한반도 평화 안보 관련 수많은 정책 보고서를 생산하고 있다.